Bebé feliz

Bebé feliz

Masaje, yoga, aromaterapia y otras técnicas
para el desarrollo integral de tu hijo

bajo la dirección de
Sheena Meredith

con fotografías de
Dan Duchars

Grijalbo

Ni las autoras ni el editor se hacen responsables de ninguna reclamación que surja como resultado de la utilización o del mal uso de las sugerencias hechas en este libro. Aunque hayamos puesto todo nuestro empeño en asegurarnos de que la información contenida en este libro sea precisa y actualizada, solo son consejos y no deben ser utilizados como una alternativa al asesoramiento del médico especialista.

Título original: *Your Happy Baby*

EDICIÓN Henrietta Heald
BÚSQUEDA DE LOCACIONES Tracy Ogino
PRODUCCIÓN Patricia Harrington
DIRECCIÓN DE ARTE Anne-Marie Bulat
DIRECCIÓN EDITORIAL Julia Charles
DIRECCIÓN DE PUBLICACIONES Alison Sterling

Publicado por primera vez en Reino Unido
por Ryland Peters & Small en 2003

Fotomecánica: Fotocomposición 2000, S.L.

ISBN: 978-84-253-4292-9

GR 42929

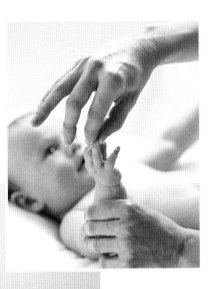

sumario

introducción

Tal como te contará cualquier madre experimentada, los bebés son pequeños solo durante un período de tiempo muy breve. Pero eso sabrás verlo más tarde; porque es probable que no te lo parezca ahora, especialmente si se trata de tu primer bebé. Puede que incluso tu pareja y tú os sintáis abrumados por la experiencia de ser padres, y os preguntéis cómo una persona tan pequeñita puede llegar a formar semejante caos en una familia, o requerir tanta atención y dedicación.

Al centrarse en las cosas que afectan a la felicidad del bebé y sugerir una miríada de formas de entenderle mejor, *Bebé feliz* te ayudará a sacar el mayor partido de las preciosas primeras semanas y meses de tu bebé. Comenzando por el nacimiento, el libro contiene técnicas que puedes utilizar para llegar a conoceros el uno al otro, divertiros y crear un tiempo que siempre recordarás con alegría.

Incluso un parto sin complicaciones es un acontecimiento enorme, tanto física como emocionalmente. Es natural necesitar de cierto tiempo para recuperarse. Puede que nunca «vuelvas a la normalidad» porque la «normalidad» ha cambiado, pero te presentamos algunos consejos útiles para que seas benévola tanto contigo misma como con tu bebé a medida que alcancéis una rutina establecida en vuestra nueva vida juntos. El libro también cubre algunas de las circunstancias especiales que tal vez tengas que afrontar, como un parto prematuro o por cesárea.

Bebé feliz incluye consejos e instrucciones prácticas sobre técnicas físicas para estimular la tranquilidad y el bienestar. Puedes aprender a evitar o a solucionar

problemas alimentarios y ayudar a tu bebé —y a ti— a dormir bien durante la noche más rápidamente. Te mostraremos cómo masajear a tu bebé, describiremos divertidos ejercicios de yoga y de gimnasia para bebés, para que adquieran habilidades físicas y protejan la postura, y te sugeriremos formas de utilizar el agua y la aromaterapia para enriquecer la experiencia que tu bebé haga de su entorno. Mientras utilizas estas técnicas, te estás comunicando con tu bebé a través de formas vitales —emocional y verbalmente, así como físicamente— y aprendiendo el lenguaje corporal y las señales de tu bebé. Pronto serás capaz de interpretar los signos de dolor, a tranquilizarle cuando sea necesario, y a valorar las sonrisas y las risas conjuntas.

Además de explicar suaves terapias alternativas como la osteopatía craneal, la reflexología, la homeopatía y los remedios de Flores de Bach, *Bebé feliz* también incluye consejos sobre remedios naturales que pueden ayudar a aliviar las dolencias menores y, ante todo, a prevenir ciertos problemas. Puedes probar algunas terapias en casa; sobre otras tendrás que consultar con tu médico.

Este libro muestra cómo dar a tu hijo el mejor comienzo posible en la vida. Te permitirá satisfacer las necesidades de tu bebé, calmar sentimientos heridos y enfrentarte a los pequeños problemas de salud. Igual de importante, te divertirás creando un ambiente estimulante y lleno de amor. No solo disfrutarás del precioso tiempo de la primera infancia, también comenzarás a construir una relación positiva que durará años. Para ti, esta relación será para toda la vida. Para ambos, es una de las más importantes que nunca tendréis. Tómate tiempo para disfrutarla.

SHEENA MEREDITH

las llaves
de la felicidad

Ya que los bebés son totalmente dependientes, sus necesidades físicas están estrechamente vinculadas a las necesidades emocionales de amor, bienestar y seguridad. De tal modo que todo cometido de la paternidad se convierte en un trabajo de amor, y toda interacción es una oportunidad para estimular la felicidad: desde la experiencia íntima de dar el pecho hasta un cambio de pañales acompañado de cosquillas y risas.

¿qué hace feliz a un bebé?

Una de las primeras cosas que preocupan a los padres primerizos, aparte de la seguridad y de la salud de su bebé, es cómo interpretar lo que quiere. La comunicación de los bebés es limitada —por ello el llanto está orientado a ser una llamada de atención—, pero su sensibilidad y capacidad de reaccionar a lo que le rodea son ilimitadas.

AMOR Y SEGURIDAD

Suponiendo que un bebé no tenga ningún problema físico, lo que más influye sobre su felicidad son sus padres y las personas cercanas a ellos. El mejor regalo que puede recibir un recién nacido es una madre o un padre feliz: transmitirás sentimientos de amor, seguridad y confianza, y estarás más alerta, en sintonía con él y capaz de responder a las necesidades de tu bebé, haciendo que la paternidad sea una experiencia más alegre. De tal modo, recuerda siempre quererte, valorarte y cuidarte, tanto a ti como a tu bebé.

PRIMERAS EXPERIENCIAS

Acabamos de comenzar a valorar lo mucho que las primeras vivencias —y aquellas que ocurren en el útero antes del nacimiento— pueden afectar al desarrollo de nuestro bebé: emocional, psicológica y físicamente. La preocupación de las mujeres por el aumento de nacimientos en hospitales de alta tecnología, con altos porcentajes de intervención médica, queda cada vez más reflejada en sugerencias de que los métodos de parto modernos también pueden ser estresantes para el bebé, con repercusiones potencialmente duraderas.

En la actualidad, muchas mujeres solicitan tener partos más apacibles, con menor intervención médica. Como resultado de esto, se ha producido un creciente interés en métodos de crianza más cariñosos, y un resurgimiento de prácticas tradicionales que conllevan un estrecho contacto físico, como por ejemplo: los masajes para bebés, envolver al bebé, lactancia materna prolongada y dormir juntos en la misma cama.

Este libro describe actividades y suaves terapias alternativas que pueden incrementar la felicidad de tu bebé y explica cómo fomentar un fuerte vínculo emocional con él desde los primeros días, incluso si la experiencia del parto no ha sido la ideal. Comienza por fijarse en la comunicación.

INTERPRETAR LAS NECESIDADES DE TU BEBÉ

Una de tus máximas prioridades durante las primeras semanas de vida de tu bebé será aprender a descifrar su llanto. Si tu bebé está llorando y no estás demasiado segura de por qué es, ten en cuenta que tal vez se deba a que:

☐ Tenga hambre.
☐ Se encuentre solo o aburrido y quiera un abrazo.
☐ Necesite que le cambien el pañal.

«Lo que para mí quedó muy claro después del nacimiento de cada uno de mis hijos fue que los bebés no necesitan espléndidos adornos en su habitación, ni juguetes caros: lo único que tiene importancia es tu amor y atención.»

JOANNA, MADRE DE YASMIN, LOUISE Y ALISTAIR

□ Esté cansado. Intenta identificar las señales de cansancio antes de que tu bebé se encuentre agotado: por ejemplo, si se restriega los ojos, se tira de las orejas o comienza a lloriquear.

□ Haga demasiado calor, o demasiado frío, tenga gases o se sienta incómodo con la ropa que lleve en ese momento.

□ Se sienta frustrado: en particular al encontrarse ante nuevos retos, como intentar darse la vuelta, gatear o incorporarse.

□ No se encuentre bien (véanse pp. 114-122)

□ Esté sobreestimulado. Algunos bebés no toleran el ruido o la actividad excesivos (a otros les encantan).

□ Estén estresados. Tal vez tu bebé reaccione a los ruidos altos, los olores desagradables, las discusiones familiares o a la preocupación de uno de los padres.

LO QUE PUEDES HACER

Si no puedes solucionar lo que sea que le pase, intenta acercar a tu bebé contra tu pecho y mecerlo suavemente mientras te mueves de un lado a otro. Prueba a darle suaves golpecitos o fricciones; a algunos bebés les gusta que les hagan cosquillas. Pon música o date el gusto de entonar canciones en las que interactúes con tu bebé como «La luna lunera» y «Los cinco lobitos». Chupar alguna cosa puede ser tranquilizador: ofrécele un dedo limpio, un chupete o un anillo de dentición. A algunos bebés les tranquiliza que les envuelvan en una sábana o en un trozo de tela, fuertemente para limitar el movimiento de los brazos y de las piernas, lo que tal vez imite las condiciones dentro del útero. O puede que tu bebé se serene con un ruido de fondo como el sonido de la lavadora o de la aspiradora, o con el movimiento producido al dar un paseo en coche.

Un bebé chillón puede hacer más ruido que una taladradora, y una exposición continua a un ruido semejante puede llevar al estrés y a la depresión de los padres. Date un descanso. Si has hecho todo lo que has podido, pon al bebé en un lugar seguro y sal de la habitación. Siéntate tranquilamente, tómate una bebida caliente, respira aire fresco, medita: lo que haga falta para despejar la cabeza y calmar el espíritu. Si lo consigues, tendrás más cosas que ofrecer a tu bebé cuando vuelvas a la carga.

ALIMENTACIÓN

La elección de la alimentación afectará la salud de tu hijo, desde su nacimiento hasta la edad adulta. La lactancia materna protege de infecciones, de alergias, de la obesidad y de muchas enfermedades. (También te protege del cáncer de pecho y te ayuda a perder el peso que hayas ganado durante el embarazo.) La leche materna está disponible al instante, es portátil, está caliente, esterilizada y es gratis. Y la lactancia materna hace que tu bebé y tú estéis más cerca. De modo que da de mamar si puedes hacerlo.

Ayuda tener apoyo desde el principio: lo ideal es que el bebé se arrime al pecho durante la primera hora de su nacimiento. Si puedes, comprueba de antemano la opinión que tu comadrona tiene sobre la lactancia materna. Si tienes problemas a la hora de dar el pecho, busca ayuda rápidamente antes de darte por vencida; la mayoría de las dificultades pueden resolverse. Tu monitora local de la Liga de la Leche (véase p. 124) te aconsejará en cualquier momento.

No obstante, si por alguna razón no puedes dar el pecho a tu hijo, no te sientas mal por ello: tu bebé lo notará. Hay muchas otras cosas buenas en vuestra relación, así que concéntrate en hacer que la experiencia de darle el biberón sea todo lo mágica e íntima que puedas: sostén a tu hijo con cariño y aprovecha ese tiempo que paséis juntos para miraros fijamente a los ojos.

Aunque un poco de leche materna es mejor que nada, tu bebé obtendrá mayores beneficios si como única alimentación le das el pecho durante los primeros seis meses. Si es posible, dale de mamar a demanda; es decir, cada vez que tu bebé quiera.

Ofrécele el pecho al primer indicio de hambre, como por ejemplo si se retuerce o se chupa los dedos; el llanto es un signo tardío. Todos los bebés tienen sus propios biorritmos y puede que a veces simplemente necesiten el bienestar que les proporciona mamar. A menos que vivas en el trópico, tu bebé no necesita nada más, ni siquiera agua. Podrás darle alimentos sólidos alrededor de los seis meses. Lo ideal es que también intentes seguir dándole el pecho hasta que tu hijo tenga al menos un año; si no lo haces, tu bebé necesitará leche maternizada como sustituto. Cuanto más tiempo continúe la lactancia materna, mayores serán los beneficios. En cualquier caso, tómate todo el tiempo que sea preciso para llavar a cabo el destete poco a poco, o tu bebé y tus pechos protestarán.

Muchos bebés se destetan ellos mismos, desechando el pecho cuando están preparados; por lo general, la toma de antes de dormir es la última que se deja. Si se les da la oportunidad, puede que los niños mamen hasta bien entrado el primer año de edad.

Cuando introduzcas la comida sólida, recuerda que los hábitos alimentarios que tu pequeño adquiera entonces serán los que prevalecerán a la largo de toda su vida. Da un buen ejemplo y prepara comida saludable para toda la familia (de este modo, tu bebé podrá comer lo mismo que vosotros, aunque cortado en trocitos o triturado). Si das a tu bebé algo que no le guste, espera unas semanas y vuelve a introducirlo en su dieta de diferente forma: por ejemplo, compota de manzana en lugar de manzana triturada o manzana con grosella. Los colores brillantes, como trocitos pequeños de fruta y verdura, a menudo consiguen tentar a los comedores más exigentes.

LACTANCIA MATERNA EXITOSA

La lactancia materna tiene más probabilidades de salir bien si estás relajada y tu bebé está colocado en una buena posición que le permita agarrarse al pezón con facilidad. Ponte cómoda: siempre que sea posible, escoge un entorno agradable y tranquilo y una silla confortable. Ten a tu alcance todo aquello que creas que puedas llegar a necesitar: una bebida, material de lectura, algún objeto de meditación, el teléfono si es necesario.

no olvides **mantener el contacto visual con tu bebé** mientras le des el pecho: la lactancia materna proporciona una oportunidad maravillosa para **acercarte** a tu bebé y para **fortalecer el vínculo** entre vosotros

Lleva siempre la boca de tu bebé a la altura del pezón: si te inclinas sobre el bebé, es probable que acabes con los pezones doloridos, y con dolor de espalda y de hombros. Utiliza almohadas o cojines sobre las rodillas para que el pequeño quede en una posición más elevada y colócalo tumbado de costado, mirando hacia tu pecho, con la cabeza apoyada en la parte interior de tu codo. Asegúrate de tener los codos, la espalda y los pies bien apoyados. Para empezar, tal vez sea más fácil que tú te sientes primero y que alguien te pase al bebé.

Sostén el pecho de forma que no oprima la barbilla de tu pequeño y guía suavemente el pezón hacia su boca: tiene que estar totalmente abierta, para que tome por lo menos 1,25 cm de la areola (el círculo oscuro que rodea el pezón). Si sientes algún malestar o dolor, introduce con suavidad el dedo pequeño, limpio, entre las encías de tu bebé y tu pezón, y vuelve a empezar. Si la posición es correcta, deberías sentirte a gusto, y ver los movimientos de succión de su mandíbula casi de inmediato. Es muy importante que tu bebé se agarre al pezón correctamente; si tienes alguna duda, pide consejo cuanto antes.

Una vez que te acostumbres a dar de mamar a tu hijo y te sientas a gusto, podrás cambiar las posiciones en las que le des el pecho.

BIENESTAR, SEGURIDAD Y ESTIMULACIÓN
Puedes hacer muchas cosas que incidan sobre el entorno de tu bebé y sus primeras experiencias, a fin de intensificar su sensación de seguridad y satisfacción. Un entorno tranquilo y agradable es mucho más importante que montones de juguetes.

□ A los bebés les gusta el calor. Pon a tu pequeño una capa más de ropa de la que tú lleves, pero asegúrate de que no tenga demasiado calor.

□ Como los bebés se llevan a la boca cuanto está a su alcance, es imprescindible que todos sus juguetes puedan limpiarse y lavarse con facilidad.

□ Examina con atención sus juguetes y asegúrate de que ninguno de ello presente peligro de asfixia, de estrangulamiento ni de atrapamiento antes de dárselo a tu bebé.

□ ¡Seguridad ante todo! Observa tu casa desde el mismo nivel que tu bebé antes de que empiece a gatear.

□ Haz que tu bebé participe en la vida familiar desde el principio.

□ Habla con tu bebé cuanto sea posible. Explícale lo que estás haciendo, nombra las cosas, señala las partes del cuerpo. Las madres utilizan un tono de voz especial de modo natural, pero evita hablar como los bebés y utilizar palabras como «guau-guau», o tu bebé tendrá que aprender los nombres dos veces.

□ Anima a tu pequeño a valorar la naturaleza: señálale los árboles, los pájaros, las nubes...

□ Estimula todos los sentidos de tu hijo y ofrécele diferentes cosas que mirar, escuchar, tocar, saborear y oler.

□ Canta o pon música. A los bebés les gusta el ritmo y la repetición: nanas, canciones infantiles, juegos de palmas...

□ Estimula el ejercicio desde una edad temprana.

CONFIANZA DE LOS PADRES
Ante todo, ten confianza en tu capacidad como madre. Es posible que los padres modernos reciban demasiadas recomendaciones por parte de los profesionales, pero a menudo se les da muy poca ayuda. Así, confía en tus instintos, acepta ayuda cuando te la ofrezcan, y pide más si te sientes agobiada. Sobre todo, recuerda que la primera infancia de tu bebé se acabará pronto: disfrutadla juntos.

llegar al mundo

Nunca habrá una transición mayor. En el útero, tu bebé estaba seguro, en un baño de líquido caliente, mecido por tus movimientos y reconfortado por tus latidos. Entonces comienza el trascendental recorrido del parto...

UN BRUSCO DESPERTAR

Mientras progresan las contracciones y aumentan los dolores del parto hacia su clímax, el bebé está siendo comprimido con una presión en aumento, retorcido en el canal de nacimiento y empujado fuera de su entorno acogedor. De repente, el bebé sale al aire y tiene que respirar con los pulmones por primera vez. La luz inunda sus ojos, y ruidos raros y olores desconocidos bombardean sus sentidos. El bebé se encontrará pronto con nuevos retos al tener que adaptarse a todo un mundo que le es extraño. Quién sabe lo que siente; sea o no una experiencia aterradora, con seguridad es estresante.

Para hacer que la llegada al mundo de tu bebé sea lo más tranquila posible, intenta mantener todo el control del que seas capaz durante el momento del nacimiento. Reduce al mínimo el trauma de tu bebé manteniendo la luz tenue y el nivel del sonido bajo. Retrasa el corte del cordón umbilical. Abraza a tu bebé tan pronto como sea posible. Si tienes un parto sin medicamentos, aprovecha bien el período de alerta en la hora, o poco más o menos, de después del nacimiento. Para otras formas de ayudar a que tu bebé tenga un buen comienzo en la vida, (véanse pp. 20-21).

CONTACTO AMOROSO Y «CUIDADO CANGURO»

Los bebés prematuros sienten aún más el trauma del nacimiento y sus consecuencias, y a menudo pasan los primeros días o semanas de vida en una unidad de cuidados intensivos neonatal, privados de las reconfortantes sensaciones que proporciona el contacto físico, mientras están sujetos a un tipo de manipulación que puede ser experimentada como molesta y perturbadora. Además, mucho de lo que sigue sucede sin distinción de ninguna señal que haga el bebé. Un bebé prematuro no tiene control sobre su entorno, menos aún que un bebé nacido a término. A pesar de todo, el contacto físico tranquilizador y el toque amoroso durante los primeros días de vida son vitales para su posterior crecimiento y desarrollo.

En muchos países donde no disponen de cuidados intensivos, se da a los bebés prematuros un «cuidado canguro». Se les sujeta, erguidos y desnudos, aparte del pañal, apoyados contra el pecho descubierto de su madre (o padre), con la cabeza vuelta hacia un lado para que puedan escuchar los latidos de su corazón. El contacto prolongado piel contra piel ayuda a regular la temperatura, la respiración y los latidos, mejora el aumento de peso, reduce la permanencia en el hospital, y dobla el porcentaje de supervivencia. Incluso en los bebés nacidos a término, semejante forma de cogerlos reduce el llanto, mejora el sueño, estimula la lactancia materna y puede que reduzca los cólicos.

Así que toca, acaricia y abraza a tu bebé cuanto sea posible, e intenta reaccionar a cualquier señal que te haga. Si, por ejemplo, a tu bebé le gusta una nana, sigue cantándosela.

SOBREESTIMULACIÓN

Otra forma en la que los bebés prematuros llegan a comprender la primera etapa de la vida es a través de sus reacciones a los estímulos externos. Al tener el sistema nervioso relativamente desordenado, son fácilmente estimulables a los ruidos o a las vistas. Algunos signos de esto son apartar la cara, llorar o retorcerse.

Si tienes un recién nacido que se comporta de esta manera, disminuye los estímulos visuales, reduce el nivel del sonido, baja las luces y da al bebé tiempo para adaptarse. Piensa detenidamente acerca de lo que rodea a tu bebé: colores llamativos y vistosos u objetos ruidosos que puedan ser especialmente inadecuados. Escoge colores suaves o pasteles, sonidos apacibles y objetos que se muevan lentamente. Cuando tu bebé sea un poco mayor y más fuerte, los masajes podrán servir de ayuda (véanse pp. 22-51).

partos por cesárea

Ya sea que una operación por cesárea fuese planificada u ocurriese debido a ciertas dificultades durante el parto, los bebés nacidos por cesárea se enfrentan a problemas de adaptación especiales. Puede ser duro dar sostén a tu bebé a lo largo de este período cuando tú misma te estás recuperando de una operación. Sé consciente de que los dos necesitaréis tiempo de adaptación, y muchísimo amor y ayuda.

EFECTOS FÍSICOS

A menudo, los bebés nacidos por cesárea tienen la cabeza más redondeada que los bebés nacidos vaginalmente, que acostumbran mostrar una cabeza más bien aplastada; pero puede que tengan problemas simplemente porque el nacimiento fue repentino y la cabeza no sufrió el proceso normal moldeador durante su recorrido a través del canal de nacimiento. Los osteópatas craneales creen que esto puede ocasionar varios desequilibrios (véanse pp. 104-105); quizás desees acudir a un especialista para corregirlos.

A menudo, los bebés nacidos por cesárea son prematuros, más vulnerables a las dolencias respiratorias, y pueden estar afectados por lo que provocó la operación. En ocasiones acaban con cortes accidentales y, si bien rara vez, pueden llegar a dislocarse una articulación. Un bebé con problemas físicos necesita atención extra, y quizá necesites ayuda para afrontar los problemas de sueño o de alimentación.

MEDICAMENTOS

Tras una anestesia general, tú y tu bebé estaréis somnolientos y aletargados durante un tiempo. Hay menor riesgo si te han puesto la epidural, pero una pequeña parte del medicamento se absorbe a través del flujo sanguíneo, donde puede que interfiera con la oxitocina (una hormona importante para la lactancia materna y para crear lazos afectivos), y parte del mismo pasa al bebé a través de la placenta. Se sabe poco acerca de los efectos que tiene en los bebés, aunque se han dado casos de problemas respiratorios y de un nivel bajo de azúcar en la sangre.

A menudo, después de la cesárea, la madre tendrá que tomar analgésicos y antibióticos; y si da el pecho al bebé, este estará expuesto a pequeñas cantidades de los mismos medicamentos.

El sistema poco maduro de un bebé puede llegar a tener problemas a la hora de expulsar los medicamentos, por lo que es posible que los efectos duren varios días. Los antibióticos también pueden llegar a provocar una infección por hongos: aftas vaginales en la madre y a veces aftas en la boca o en la ingle del bebé; quizá los pezones queden dañados al dar el pecho. Revisa que no tengas rojeces, dolor ni manchas blancas y busca un tratamiento rápido si es el caso.

RECUPERACIÓN

Un gran inconveniente del parto por cesárea es la separación de tu bebé inmediatamente después del mismo. Una estancia de al menos cuatro o cinco días en el hospital también retrasa la adquisición de la habilidad necesaria para cuidar de tu bebé sin ayuda, y os separa a ambos del resto de la familia. Una vez de vuelta a casa, encontrarás doloroso andar de aquí para allá durante algún tiempo, lo que hará que sea más duro cuidar de un nuevo bebé. Puede que te lleve algo más de tiempo crear un vínculo con tu hijo, pero sé paciente: acabará sucediendo.

DAR EL PECHO

Tal vez tu leche tarde más en llegar después de una cesárea y que sea difícil para el bebé agarrarse, especialmente si tiene llagas debido al tubo de succión que por lo general se pone al bebé en la boca después de su nacimiento. Quizá también te parezca más difícil encontrar una posición cómoda. Intenta coger a tu bebé bajo un brazo como si fuera una pelota de rugby, y colócate una toalla enrollada sobre la herida para evitar el dolor.

Por regla general se tarda un poco más tiempo en sentar las bases de la lactancia después de una cesárea, pero el esfuerzo merece la pena para ambos. Si es necesario, busca consejo profesional (véase p. 124).

el contacto físico **tranquilizador** y **amoroso**
en los primeros días de vida es vital para el **crecimiento saludable**
y el desarrollo **emocional y psicológico**

Aunque ninguno de nosotros podamos recordarlo, el nacimiento es una de las experiencias físicas y psicológicas más duras y desafiantes que tenemos que padecer. Hay muchas cosas que puedes hacer para reducir al mínimo el shock del nacimiento y dar a tu bebé un feliz comienzo en la vida.

DIEZ FORMAS DE... *comenzar con buen pie*

I Procura que se cree una atmósfera de serenidad y sosiego en la sala de parto, y pide que bajen las luces y que el nivel del sonido se mantenga lo más silencioso posible; si te lo permiten, escucha música de fondo tranquilizadora y que te sea familiar.

2 No bañes demasiado pronto a tu pequeño después del parto. Los bebés nacen con un fino revestimiento de una sustancia blanca y grasienta llamada vérnix que protege su piel en el útero (¡imagínate estar en un baño caliente durante nueve meses!). Después del parto, el vérnix protege a tu hijo de las infecciones y ayuda a mantener su temperatura corporal. La piel lo absorbe a los pocos días.

3 Da de mamar a tu hijo tan pronto como sea posible. Lo ideal sería colocar a tu bebé en tu pecho inmediatamente después del parto, pues además de ser calmante para tu pequeño, te proporcionará una subida hormonal que hará que el útero siga contrayéndose, ayudando así a la expulsión de la placenta (la tercera etapa del parto).

La lactancia a demanda —esto es, cada vez que tu hijo quiera— te garantiza que tu bebé nunca estará hambriento y que siempre tendrá una fuente de bienestar. Tus pechos producirán tanta leche como tu bebé necesite. Si por alguna razón no puedes darle el pecho, haz que la experiencia de darle el biberón sea lo más íntima y amorosa posible.

4 Sujeta a tu bebé cerca de tu pecho tanto como te lo permitan y puedas. El contacto directo de la piel es el colmo del bienestar, y el masaje del bebé estimula la intimidad.

5 Responde al llanto de tu bebé. El llanto es el único método de comunicación del recién nacido, y no malcriarás a tu pequeño ni estimularás su llanto al reaccionar al mismo. En realidad, las investigaciones han demostrado que aquellos bebés cuyas necesidades se atienden con mayor rapidez parecen llorar menos.

6 No utilices productos para el baño ni para el cuidado de la piel de tu hijo durante su primer y segundo mes de vida: no son necesarios y puede que obstruyan la delicada piel de tu bebé y desestabilicen el desarrollo de los ácidos protectores de la misma (los bebés nacen con la piel alcalina). Esto puede provocar granitos, costra láctea, rozaduras ocasionadas por el uso del pañal, infecciones y alergias. Por lo pronto, agua corriente y algodón serán suficientes.

7 Quédate mirando a tu bebé; de hecho, puede que tú misma lo hagas por instinto. Aunque la visión de los bebés es borrosa, pueden ver cualquier cosa a menos de 60 cm de distancia, y lo que más quieren ver es tu cara. Es probable que tu pequeño te devuelva la mirada con adoración.

8 Mantén el entorno de tu bebé tranquilo y sosegado durante las primeras semanas. Evita demasiadas visitas (a menos que hayan acudido para ayudarte), lo que además protegerá a tu pequeño de posibles infecciones.

9 Si es preciso, no descartes envolver a tu hijo en una sábana o trapo, la forma tradicional de confortar a los bebés; es probable que la sensación de sentirse arropados imite las condiciones del útero y haga que el pequeño se sienta seguro.

10 Si tu bebé tiene algún problema físico como resultado del parto, considera la posibilidad de consultar a un osteópata craneal o a un homeópata para que lo trate o te aconseje (véanse pp. 104-105 y pp. 108-109).

masaje para bebés

El masaje es una de las terapias físicas más deliciosas y eficaces que puedes compartir con tu bebé, y una de las más fáciles de aprender. Así que desconecta el teléfono y, con los preparativos más simples, regala a tu bebé, y a ti misma, este contacto amoroso que hará que ambos os acabéis sintiendo tranquilos, felices y completamente renovados.

masaje: los principios

Si es la primera vez que das un masaje a un bebé, aprenderás paso a paso y también lo hará tu hijo; algunos principios básicos harán que comiences con buen pie, y después solo será cuestión de intuición y práctica.

RECUPERARSE DEL PARTO

Acariciar y tranquilizar a un bebé, masajeándolo con aceite, es una práctica muy antigua que, en varias partes del mundo, se ha transmitido a lo largo de generaciones sin ni siquiera tener un nombre. A menudo la comadrona, o la mujer que atienda el parto, masajeará no solo al recién nacido sino también a la madre, hasta diez días después del parto, ayudando a ambos a recuperarse del mismo.

LOS BENEFICIOS PARA EL BEBÉ...

El masaje frecuente ayuda a que los bebés se recuperen del parto, reduciendo los niveles de estrés y estimulando la producción de las hormonas que los hacen sentir bien, como la oxitocina, la hormona que ayuda a crear lazos afectivos y que también producen las madres lactantes. Asimismo, se ha demostrado que los masajes ayudan a los bebés prematuros a ganar peso, y que estimulan las pautas del sueño; pueden utilizarse para aliviar los gases, los cólicos, el estreñimiento y el dolor de la dentición.

... Y PARA LOS PADRES

Los beneficios de los masajes no están reservados solo para los bebés. Las madres que masajean a sus hijos experimentan una recuperación más rápida de cualquier depresión posparto, una disminución de la presión sanguínea y del ritmo cardíaco, y la liberación de serotonina, un «opiáceo natural» que hace que nos sintamos relajados y alegres. También los padres perciben el contacto activo con sus bebés como una forma importante de sentirse involucrados en la paternidad desde el principio.

HORA DE DISFRUTAR

Ante todo, se trata de tomarse cierto tiempo cada día para disfrutar de unos momentos preciosos con tu bebé. El contacto amoroso es una forma de intuición —literalmente, enseñar desde dentro— a través del cual volvemos a aprender lo que ya sabíamos pero hemos olvidado.

Es un proceso muy especial durante el que descubrirás lo que gusta a tu bebé, e incluso quién es él, a través de la observación y pasando tiempo juntos. Tranquiliza tu mente, libera la tensión del cuerpo y experimenta el bienestar que proviene de lo que se ha descrito como «el mayor abrazo» que puedas dar tu bebé.

«Paolo nació prematuro y solo comenzó a ganar peso de verdad cuando empecé a darle frecuentes masajes.»

ANA, MADRE DE PAOLO

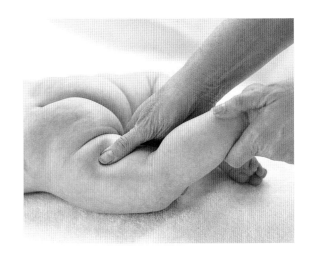

LO QUE NECESITAS

Es probable que tu bebé esté desnudo durante el masaje, así que la primera condición es dárselo en una habitación caldeada. La temperatura recomendada para dar un masaje a un bebé es de 26°C, aunque los bebés con eccema responden mejor a un entorno ligeramente más frío. Asegúrate de que tus manos también estén calientes.

Tu bebé se tranquilizará si mantienes el contacto visual con él mientras le das el masaje, asegurándole que eres receptiva a sus necesidades. Los bebés son muy propensos a quedarse fascinados con la luz y fijarán la mirada en las ventanas, así que mantén la habitación en penumbra para que os podáis centrar el uno en el otro.

¿QUÉ ACEITES?

El tipo de aceite que escojas para el masaje depende de ti. A veces los bebés los prueban al meterse las manos en la boca, por lo que un aceite comestible natural como el de girasol o el de semillas de uva es una buena solución; estos aceites son ligeros y la piel de tu bebé los absorberá durante el masaje, ayudando a hidratarla y a que se le sequen los granitos. Otros aceites buenos son el de coco fraccionado (que es ligero y líquido), y otros, de origen vegetal, en especial el de aguacate.

Necesitarás unos 50 ml de aceite para cada masaje, vertido en un bol poco profundo. Una botella de medio litro debería ser suficiente para dar diez masajes. Por motivos de higiene, deshazte después el aceite que hayas utilizado. Si deseas más información acerca de qué aceites son los adecuados, véase el capítulo Aromaterapia para bebés (pp. 84-99).

Algunos aceites y geles para bebé contienen otros ingredientes, como perfume, que pueden afectar la delicada piel de tu pequeño, por lo que comprueba que tu hijo no tenga ninguna reacción alérgica antes de iniciar un masaje completo. La primera vez que utilices cualquier tipo de aceite en la piel de tu bebé, masajéale solo los pies durante cinco o diez minutos. La reacción alérgica más común es una repentina mancha o un claro enrojecimiento de la piel; si observas algo parecido en los pies de tu bebé, limítate a retirar el aceite lavando con mucha agua y jabón.

¿CUÁNTA PRESIÓN?

Los bebés reaccionan bien a cierto grado de presión cuando se los masajea. Como guía aproximada, piensa en la presión que ejerces sobre tu cabeza al lavarte el pelo, pero mantén muy leve la presión durante sus primeras semanas de vida: no mucho más fuerte de la que ejercerías sobre tus ojos con los párpados cerrados.

Puedes presionar y apretar el suave tejido celular y los músculos, siempre y cuando apliques mucho aceite a la hora de masajear a tu bebé (para reducir la fricción), aunque debes tener más cuidado en las zonas óseas. Si el contacto es demasiado ligero, harás cosquillas a tu bebé y se pondrá tenso: ¡el efecto contrario al relajante!

posturas y equipo

Los terapeutas manuales trabajan en una mesa a la altura correcta para proteger su espalda del esfuerzo. Es importante que, antes de aplicar un masaje a tu bebé, te coloques en una postura cómoda en la que tus hombros, brazos y manos estén totalmente relajados y en la que mantengas apoyada la base de la espalda.

ACOMODARSE

El lugar más seguro para dar un masaje a tu bebé es el suelo. Si este es de madera, necesitarás una colchoneta antideslizante en la que sentarte. Ponte algo holgado y elástico que te permita inclinarte hacia delante y moverte con libertad. Una alternativa es colocarse delante de una mesa suficientemente alta sobre la que no tengas que inclinarte demasiado.

Se recomiendan aquí tres posturas: prueba cada una de ellas para ver cuál es la que te va mejor. El masaje para bebés debería ser relajante para ambos: si te sientes a disgusto o incómodo, la parte superior de tu cuerpo, los hombros y las manos estarán tensos y se lo comunicarás a tu bebé. Si lo necesitas, no tengas miedo de interrumpir el masaje durante un momento para cambiar de posición.

PRIMERA POSICIÓN

Siéntate como se muestra abajo, con las piernas juntas y la base de la espalda apoyada contra una superficie firme, como una pared o algún mueble que no se mueva. Échate

«Estar sentada fue útil para aprender, ya que —a diferencia de estar arrodillada e inclinada hacia delante— es muy cómodo.»

MARIE, MADRE DE ERIN

hacia atrás de modo que estés apoyado erguido sobre tus «huesos del culo» en vez de estar repantigado. Esto te permitirá inclinarte hacia delante sin tener que hacer un gran esfuerzo. Coloca un almohadón sobre tus piernas y un pequeño cojín en los tobillos para que no se deslice el almohadón.

SEGUNDA POSICIÓN
Si tienes flexibilidad en las caderas y en la pelvis, encontrarás muy cómoda esta postura. Siéntate contra un soporte con las piernas separadas y coloca el almohadón entre ellas en el suelo. (No necesitarás un cojín porque el almohadón estará nivelado.) Si lo deseas, flexiona ligeramente las rodillas dejando que caigan hacia fuera para que no te impidan inclinarte hacia delante. De nuevo, evita los tirones de espalda manteniéndola recta e inclinándote hacia delante a partir de las caderas.

TERCERA POSICIÓN
Puede que las personas que tengan las articulaciones de las rodillas flexibles encuentren cómodo sentarse con las piernas cruzadas. Como en las otras dos posiciones,

asegúrate de que tienes un soporte adecuado para la parte baja de la espalda. Necesitarás dos almohadones, uno colocado sobre el otro; acércate el de arriba, tal como se muestra en la fotografía de abajo. Si es necesario, coloca un pequeño cojín bajo el almohadón de arriba para mantenerlo nivelado.

LO QUE NECESITARÁS
El equipo básico para dar un masaje a tu bebé es el siguiente:
- ☐ Una toalla grande.
- ☐ Uno o dos almohadones.
- ☐ Un cojín pequeño y otro mediano.
- ☐ Aceite para masajes.
- ☐ Un bol de cerámica o de cristal.
- ☐ Pañuelos de papel.

La toalla tiene que ser lo suficientemente grande para que cubra el almohadón y sobren algunos pliegues sobre tu regazo para limpiar el aceite y las gotas que puedan derramarse. El masaje relajará todos los órganos internos de tu hijo, ¡incluida su vejiga! El cojín mediano es útil si tu bebé es mayor y quiere sentarse (véase Volverse móvil, pp. 48-49).

técnicas de masaje

Aunque a las caricias descritas en estas páginas se las llame técnicas, no tienen ningún misterio, y es probable que, quizá inconscientemente, ya hayas puesto en práctica la mayoría de ellas.

DESCUBRIR LO QUE SIENTA BIEN

Con un poco de práctica, te encontrarás pasando sin ningún problema de una técnica a la siguiente mientras masajeas a tu bebé, aplicando las caricias que consideres más cómodas para la parte de su pequeño cuerpo sobre la que estés incidiendo.

Las técnicas descritas aquí y en la siguiente página son simples sugerencias para comenzar. Es posible que te des cuenta de que tu bebé reacciona mejor a unas caricias que a otras mientras las vayas probando, o tal vez descubras que algunas de ellas no resultan tan fáciles para ti. Siéntete libre para descartar estas e inventa las tuyas propias; si lo deseas, puedes ensayarlas en ti misma hasta que las hagas de manera natural.

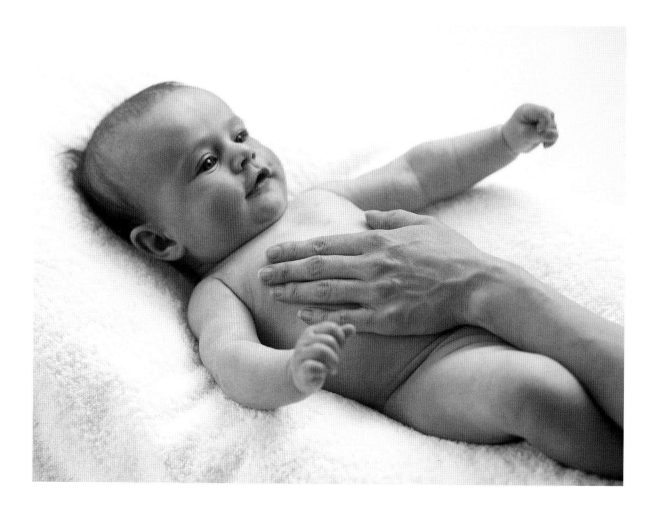

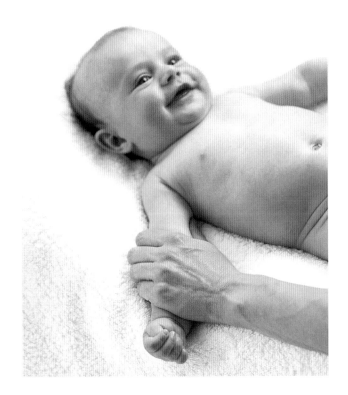

«La primera vez que probé las técnicas de masaje, mi activo hijo se tranquilizó y calmó de manera asombrosa durante casi veinte minutos, y ambos compartimos un momento de ternura profundamente relajante.»

KATH, MADRE DE BEN

NO OLVIDES

Recuerda los siguientes puntos cada vez que empieces a dar un masaje:

□ Tus manos deben estar calientes y limpias; encontrarás que es más fácil aplicar el masaje si tienes las uñas cortas.

□ La presión que ejerzas tiene que ser firme y no debe hacer cosquillas a tu hijo; los bebés prefieren un manejo firme y puede que se inquieten si sienten que vacilas.

□ Lo ideal es que una de tus manos permanezca en constante contacto con la piel de tu bebé; puede ser desconcertante para el pequeño romper el contacto del masaje. Cuando tengas que apartarte un instante de él para coger más aceite, o si necesitas cambiar ligeramente de posición, posa tu antebrazo con cuidado sobre tu bebé mientras lo haces.

ROZAMIENTO DE MASAJE BÁSICO

Las tres caricias básicas de masaje que utilizarás son técnicas que se realizan con la mano abierta (también conocidas como «coberturas»), técnicas con la mano cerrada (también conocidas como «envolturas») y caricias con los dedos.

TÉCNICAS CON LA MANO ABIERTA

Posa toda tu mano a través de la zona, con los dedos relajados y flácidos, como si la estuvieras cubriendo con un trozo de tela. El calor de las palmas de las manos relajará a tu bebé. Mantén las manos flojas mientras las deslizas sobre su piel.

TÉCNICAS CON LA MANO CERRADA

Una «envoltura» con la mano cerrada puede ser muy reconfortante; prueba esta técnica cuando apliques el masaje en los pies, las piernas y los brazos de tu bebé. Desliza tu mano a lo largo de los brazos y las piernas con suavidad, aunque utilizando una presión razonablemente firme.

CARICIAS CON LOS DEDOS

Sírvete de las yemas de los dedos para acariciar la piel de tu bebé con un movimiento rasante, sin dejar que las uñas entren en contacto con su piel. Se trata de una técnica de masaje más suave para zonas más delicadas, como la cara o el cuero cabelludo. Este tipo de caricias puede ser más firme en la espalda o en el abdomen.

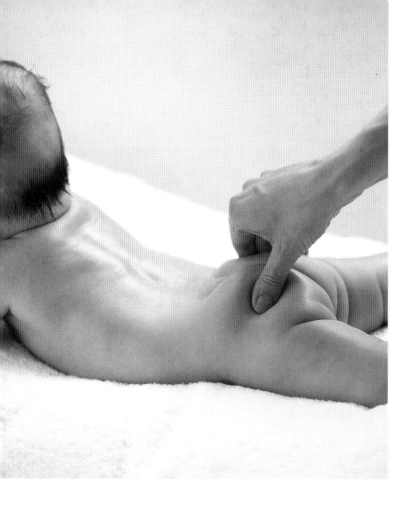

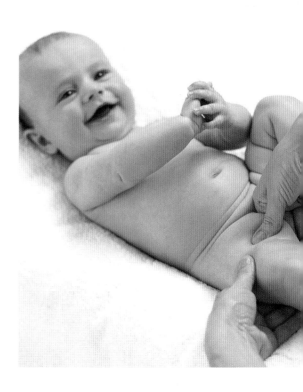

más técnicas de masaje

Es increíblemente gratificante provocar una repentina risita en medio de un masaje. Sin duda alguna, tú y tu bebé acabaréis por tener vuestras técnicas favoritas, así que déjate guiar por lo que parezca funcionar mejor para los dos.

LA CARICIA APROPIADA PARA CADA ZONA

Las técnicas de masaje ilustradas en estas páginas se muestran utilizándose en las zonas del cuerpo donde puede que sea más típico aplicarlas. Te ofrecemos algunas sugerencias acerca de técnicas alternativas en las secciones que cubren los masajes en partes específicas del cuerpo (véanse pp. 34-43). Antes de empezar a dar un masaje, no te olvides de aplicar abundante aceite sobre tus manos para reducir la fricción; cuando este haya sido absorbido por la piel de tu bebé, añade más.

APRETAR

Apretar es una técnica de masaje ideal para ser utilizada en las zonas más carnosas del cuerpo de tu bebé, como los muslos o las nalgas (el *gluteus maximus*). Por lo general, lo adecuado será que aprietes firmemente esas zonas con toda la mano.

El mejor método de aplicación consiste en dar muchos apretones muy cortos; puede ser muy efectivo aplicar pequeños apretones a lo largo del brazo de tu bebé para animarle a que se «suelte» y relaje los codos.

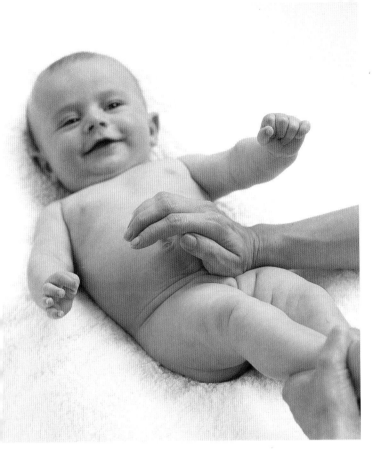

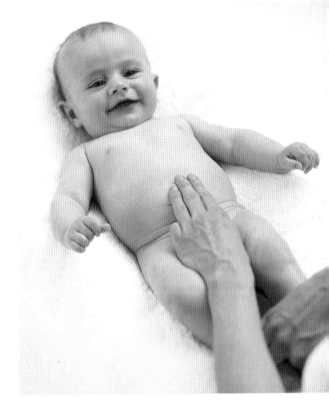

ESTIRAMIENTOS

La tensión se libera cuando se estira la piel con suavidad oponiendo los pulgares. Esto puede hacerse firmemente en zonas carnosas del cuerpo como los muslos, y con más suavidad en la cara del bebé, donde puede utilizarse en la frente y en las cejas.

AMASAMIENTO

El amasamiento imita la técnica utilizada al preparar la masa para hacer el pan, con la base de la mano y luego los dedos, por turnos. Además de empujar y estirar, este movimiento tiene un ligero elemento de «balanceo».

También puedes dar esta caricia solo con la base de la mano, moviéndola en el sentido de las manecillas del reloj.

MOVER EN CÍRCULOS

Se trata de una técnica de masaje indicada para el abdomen, ya sea utilizando toda la mano para dar círculos grandes o solo los dedos para hacer con ellos círculos más pequeños.

También puedes hacer círculos en el cuero cabelludo de tu bebé, utilizando la presión que veas resulta precisa para mover la piel. Puedes hacer este rozamiento circular con los pulgares alrededor de los huesos de los tobillos, y en las palmas de las manos.

DESLIZAMIENTO

Todo el masaje consiste en deslizar tu mano por su cuerpo. A tal fin, el aceite posibilita una presión más firme que en la piel seca, donde esta técnica resultaría cuando menos incómoda.

Haz la prueba deslizando con suavidad tus dedos a lo largo de los de las manos y los pies de tu bebé.

MASAJE PLUMA

El masaje pluma es una técnica que consiste en dar pequeños toques cada vez más ligeros solo con las yemas de los dedos. Se emplea hacia el final de la sesión de masaje, para indicar a tu bebé que te estás apartando de él poco a poco.

introducir al bebé en el masaje

Ya que un masaje en todo el cuerpo puede ser abrumador para un bebé muy pequeño, ve introduciendo el masaje poco a poco y aumenta regularmente las sesiones durante un período de varias semanas para incorporar todas las partes complementarias de las técnicas.

QUE SEA GRADUAL

Un acercamiento gradual es especialmente adecuado si comienzas los masajes con un recién nacido o con un bebé muy pequeño, que puede acabar sobreestimulado y agotado después de una sesión larga.

Da a tu bebé mucho ánimo sonriéndole y elogiándolo mientras le realizas el masaje.

QUE SEA BREVE

El masaje tiene un efecto muy fuerte sobre el sistema nervioso central, de modo que basta con poco. Cuando introduzcas a tu bebé en los masajes, cinco minutos serán suficientes para empezar, y durante las sesiones introductorias será suficiente con que masajees a tu pequeño solo los pies y las piernas (véanse pp. 34-35).

Cada vez que des un masaje a tu bebé, haz una nota mental de cómo responde y ve aumentando la duración de las mismas mientras tu hijo se va acostumbrando a las sensaciones.

MASAJE SIN ACEITE

Con frecuencia, los bebés se quejan escandalosamente cuando se les viste o se les desviste. Si tu hijo es de los que lloran al quitarle la ropa, una forma de hacer que se acostumbre a los masajes consiste sencillamente en acariciarle por encima de la misma, para que se habitúe a la sensación. Esto también es recomendable para bebés muy pequeños o para bebés de hasta tres o cuatro semanas.

Coloca una mano en su abdomen y muévela lentamente en círculos, en el sentido de las agujas del reloj; sujeta a tu pequeño contra tu hombro mientras le das palmaditas en la espalda, y acaríciale con los dedos los lados de la cara y el cuero cabelludo.

MASAJE CON ACEITE

Puedes aplicar por primera vez el aceite en los pies y las piernas de tu bebé, sin quitarle la ropa del resto del cuerpo mientras le efectúas el masaje. Como alternativa, después del baño, coloca una toalla caliente en su torso para hacer que siga sintiéndose seguro y cómodo mientras le das un masaje con aceite en los pies y las piernas.

El aceite caliente es más líquido y fluirá cómodamente sobre su piel con toda facilidad. Aplica el aceite desde sus tobillos hasta los muslos y haz pequeños círculos con tus dedos o tus pulgares.

CONTACTO PIEL SOBRE PIEL

Se sabe que los bebés prematuros se vuelven más tranquilos si tienen un contacto directo con la piel de sus madres, y esta proximidad resulta también una buena introducción al masaje.

Por otra parte, el baño diario os ofrece a ambos la oportunidad de disfrutar tanto del contacto de la piel como de las caricias.

Cuando empieces una sesión de masaje, no toques a tu bebé solo con las manos: ponte una camiseta de manga corta para que puedas recorrer con los antebrazos el pecho y la barriga de tu bebé mientras le acaricias la cara con los dedos.

BREVE Y A MENUDO

La repetición es la base de todo aprendizaje, y crea hábito. Si cada mañana te colocas con él en el mismo sitio y

a menudo, a un masaje le sigue un adorable **estado de alerta tranquilo**, cuando tu bebé está **despierto, feliz y en calma**

empiezas a masajear los pies a tu bebé, este reconocerá rápidamente la nueva rutina. En poco tiempo responderá con agrado cuando te vea comenzar los preparativos para darle el masaje.

TRABAJA DESPACIO

Es muy importante que acaricies a tu bebé muy despacio y que le hables tranquilizadoramente explicándole lo que estás haciendo. Así mismo, ofrécele montones de sonrisas y elogios, y no te olvides de mantener con él un contacto visual constante.

El ritmo al que apliques el masaje fijará la escena para la actividad, mostrando a tu bebé que se trata de un «tiempo de ocio» en el que puede esperar una atención ininterrumpida: su regalo favorito.

PRUEBA ALGUNOS EFECTOS DE SONIDO

Todos sabemos que la música puede cambiar nuestro estado de ánimo al instante si nos sentimos excitados o nervisosos, incluso tristes, e inducir en nosotros una sensación de relajación. Pues bien, algo parecido es lo que provocará en la mayoría de los bebés.

Los sonidos tranquilizadores que escuchamos cuando subimos a un avión y nos acomodamos en nuestro asiento dispuestos para el despegue —diseñados para reducir el ritmo cardíaco, ralentizar la respiración y disminuir el nivel de ansiedad— ilustran el tipo de música que creará un fondo tranquilizador para tus sesiones de masaje.

Por otra parte, parece que a los bebés también les gusta la música con cambios bruscos o cadencias, como el jazz; o ¿por qué no pruebas a cantar mientras le das el masaje?

masaje en pies y piernas

Quizá a los bebés les guste tanto que les den un masaje en los pies y las piernas porque pueden observar con facilidad lo que está pasando; hay cientos de terminaciones nerviosas en los pies de tu bebé, lo que hace que sean especialmente sensibles a tu contacto.

EL PUNTO DE PARTIDA PERFECTO

Raro es el bebé al que no le gusta que le masajeen los pies y las piernas, lo que hace de esta zona el punto de partida perfecto.

Llama la atención de tu bebé, sonríe y explícale lo que estás haciendo y por qué. Es esta interacción lo que los bebés adoran, porque indica que estás haciendo esta actividad con ellos, no a ellos. A menudo los bebés tienen las manos y los pies fríos; si este es el caso, tu contacto comenzará a calentar inmediatamente al bebé, y puedes darle pequeños apretones para mejorar su circulación.

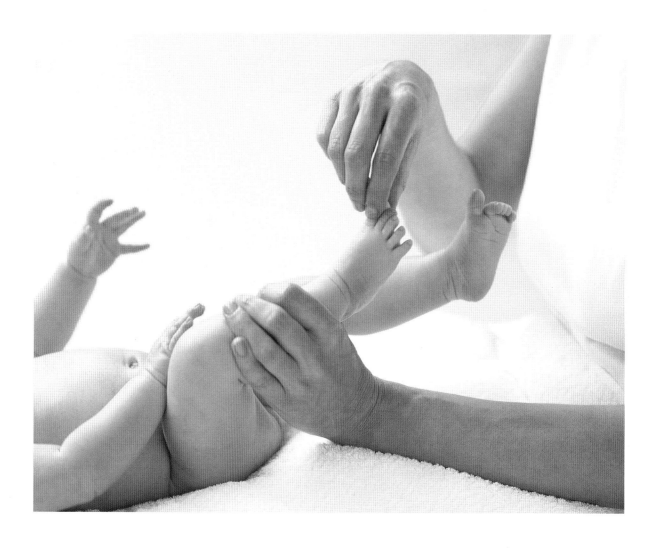

LA SECUENCIA

Paso 1

Para empezar el masaje, ponte una pequeña cantidad de aceite en las palmas de las manos y frótalas para calentarlo.

A continuación, envuelve sencillamente los pies de tu bebé con cada una de tus manos.

Paso 2

Desliza los pies de tu bebé entre tus manos una y otra vez hasta que los tenga calentitos. Luego pasa tus dedos a lo largo de cada uno de sus dedos de los pies por turnos.

Paso 3

Coge su tobillo derecho con tu mano derecha, y levántala en el aire. Envuelve con tu otra mano su pierna, y deslízala hacia abajo desde el tobillo hasta el muslo; puedes volver a deslizarla al revés, es decir, del muslo al tobillo.

El primero se trata de un masaje sueco, que acaricia en dirección al corazón para mejorar la circulación; el segundo es un masaje indio, que acaricia en dirección contraria al centro, para estimular la relajación.

Repítelo en la pierna izquierda.

Paso 4

Todavía sujetando con una mano el tobillo de tu bebé, envuelve el músculo de su pantorrilla con la otra mano y dale unos pequeños apretones.

Siempre y cuando emplees la cantidad de aceite suficiente, tu mano resbalará mientras lo haces, de modo que será imposible que en ningún caso aprietes demasiado fuerte.

Paso 5

Sujeta el muslo de tu bebé con una o ambas manos, y haz círculos con los pulgares sobre toda la zona. Esta área carnosa es el lugar ideal para un masaje idóneo y adecuado a tu bebé.

Paso 6

Cuando hayas masajeado cada uno de los muslos de tu bebé por turnos, envuelve ambas piernas con las manos y continúa apretando y ejerciendo presión sobre ellos.

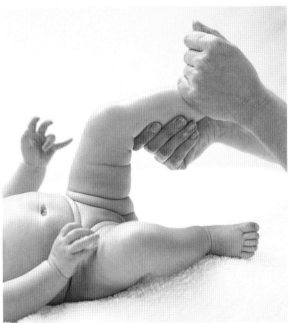

masaje en el abdomen y en el pecho

Se obtienen muchos beneficios terapéuticos de los masajes en el abdomen y en el pecho de tu bebé, pero acuérdate de darle el masaje despacio; y si al principio tu hijo llora, simplemente vuelve a intentarlo más tarde. Es aconsejable esperar como mínimo hasta quince minutos después de una toma.

TÓMATELO POCO A POCO

Al principio, los bebés pueden mostrarse un tanto inseguros a la hora de que les den un masaje en el abdomen. Es el centro de una gran cantidad de actividad importante y, sin ninguna duda, de muchas sensaciones diferentes. Introduce de manera gradual el masaje en esta zona posando una mano en el abdomen sin moverla, dejando que el calor de tu palma alcance la piel de tu bebé antes de continuar.

No te preocupes si tu hijo forcejea o llora cuando le apliques el masaje en el abdomen por primera vez. Algunos bebés pueden necesitar varios intentos y una aproximación paulatina hasta aceptar que les masajeen esta zona; vuelve a intentarlo en otra ocasión.

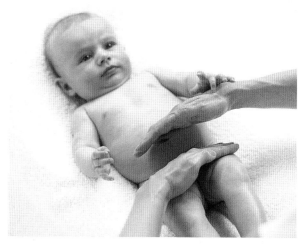

para **tranquilizar** a un bebé inseguro, comienza

posando una mano en el abdomen **sin moverla**

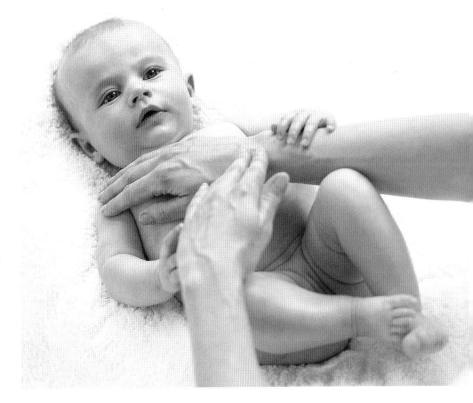

«Mi bebé era muy inquieto y tenía tendencia a padecer cólico. Los masajes han ayudado a tranquilizarlo, y ahora le encantan.»

CYNTHIA, MADRE DE BENJAMIN

LA SECUENCIA

Paso 1

Con la mano abierta y relajada, y utilizando mucho aceite, acaricia el abdomen de tu bebé despacio y en círculos, en el sentido de las agujas del reloj; evita la zona del cordón umbilical hasta que haya cicatrizado por completo. También puedes masajear esta área en círculos más pequeños con las yemas de los dedos.

Al dar el masaje en la dirección de las agujas del reloj, se sigue el curso del colon, lo que alivia los problemas digestivos, como gases y cólicos. Si tu bebé tiene estreñimiento, masajea una o dos veces a la inversa, y luego algunas veces más en la dirección de las manecillas del reloj. Los siguientes rozamientos ayudan especialmente a expulsarlos.

Paso 2

Coloca tu mano justo por debajo del ombligo y realiza «amasamientos» con la base de la mano, haciendo círculos en la dirección de las agujas del reloj.

También puedes «amasar» de lado a lado, por debajo de la caja torácica, empujando con la base de la mano y retrocediendo con tus dedos.

Paso 3

Utiliza una caricia «de remo» hacia abajo sobre el abdomen de tu bebé, con una mano después de la otra, como si estuvieras escarbando suavemente. A esto se le llama la Noria.

Paso 4

Para finalizar, masajea el pecho de tu bebé aplicando caricias cruzadas con la mano abierta. Comienza por los hombros y acaricia su pecho en diagonal con cada mano, por turnos.

A continuación desliza las manos juntas por su pecho en dirección ascendente y también a lo largo de los brazos. El masaje del pecho ayuda a mejorar el funcionamiento de los pulmones de tu pequeño.

MASAJE EN EL ABDOMEN Y EN EL PECHO

37

«No pensé que Evie se quedaría quieta, porque es muy activa, como yo. Pero he descubierto que darle un masaje me relaja, y que tiene el mismo efecto en ella.»

CAROL, MADRE DE EVIE

masaje en brazos y manos

Los bebés están muy ocupados con sus brazos y sus manos, y puede que tu hijo no te deje que le masajees los dos al mismo tiempo. Aprovecha cualquier oportunidad para acariciarlos y masajearlos cada vez que hagas mimos a tu bebé.

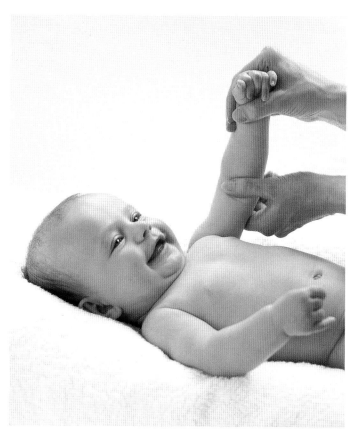

PRIMERO UN BRAZO, LUEGO EL OTRO

Los bebés suelen mostrar que están contentos moviendo y agitando las manos y los brazos. Puede que parezca que se resistan cuando intentes sujetar sus dos brazos a la vez; si es así, masajea cada brazo por separado, dejando al bebé el otro libre mientras lo haces.

ENDEREZAR

Toda vez que es instintivo para tu bebé mantener los codos doblados y apretados contra el cuerpo, quizá sea difícil hacer que tu bebé enderece los brazos para que le des el masaje. El momento en que el pequeño abandona esta postura tan protectora varia. Si tu bebé sujeta muy fuerte los brazos contra su cuerpo, limítate a acariciar hacia abajo la parte exterior de los mismos, hasta que esté listo para relajarse.

LA SECUENCIA

Paso 1

Coge una de las muñecas de tu bebé con una mano, luego
desliza tu otra mano a lo largo de su brazo desde la
muñeca hasta el hombro, de la misma forma en que
lo hiciste con sus piernas (véanse pp. 34-35). Repite este
rozamiento en el otro brazo. Después, sujetando todavía
su muñeca, utiliza tu otra mano para presionar con
el pulgar todo su brazo, o apriétaselo con los dedos
y el pulgar.

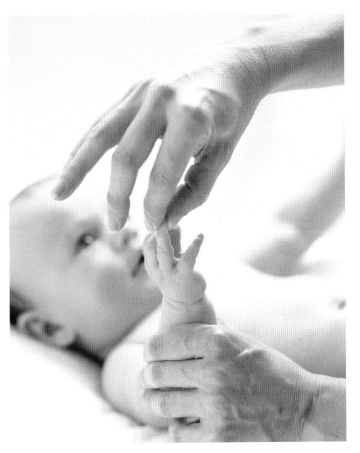

Paso 2

Intenta envolver con tus manos los brazos de tu bebé a
la altura de los hombros y acaríciaselos hacia abajo hasta
llegar a sus manos. Si tu hijo es muy activo, incluye
algunos apretones suaves para animarlo a que relaje los
brazos. Intenta persuadirlo para que abra los brazos de
par en par.

Paso 3

Puedes acariciar a tu bebé el dorso de las manos con los
dedos, y luego, si comienza a estirarlos, desliza la palma
de tu mano a lo largo de la de tu hijo. Masajea cada
uno de sus dedos por turno, sosteniéndolos en alto para
que pueda verlos.

Paso 4

Acaricia con los pulgares las palmas de tu bebé dibujando
círculos.

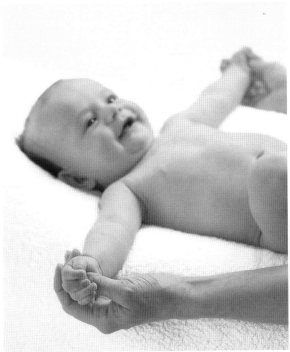

Paso 5

Sujeta sus manos (o sus muñecas) y ábrele bien los brazos,
luego crúzaselos sobre el pecho en un «abrazo». Repítelo
si ves que a tu pequeño le gusta, ya que el estiramiento le
ayudará a abrir las vías respiratorias y le ejercitará los
músculos de la espalda y de los hombros.

MASAJE EN BRAZOS Y MANOS

masaje en la cabeza y en la cara

Masajear la cabeza y la cara de tu bebé puede aliviar los dolores de la dentición, despejar la nariz bloqueada, aliviar y prevenir los resfriados, y estimular el sueño. Solo se necesita un breve masaje, con caricias suaves en la piel de la cara de tu bebé.

LUBRICACIÓN NATURAL

La cara de tu bebé tiene su propio aceite natural, por lo que no es necesario que apliques más al masajearle la cabeza y la cara. Sécate cualquier exceso de aceite de los dedos antes de comenzar e intenta mantener el aceite alejado de los ojos de tu bebé; puede que se restriegue una mano aceitosa en el párpado, por lo que ten preparado un pañuelo de papel. Cuando haya riesgo de que el aceite toque la cara de tu bebé, lo más seguro es utilizar aceite comestible desaromatizado.

El masaje facial es más eficaz cuando te inclinas cerca y mantienes el contacto visual. Haz estas caricias con delicadeza pero firmemente, y sonríe para mantener la atención de tu bebé.

LA SECUENCIA
Paso 1
Comienza por una caricia con la mano abierta para masajear los lados de la cabeza de tu bebé, evitando

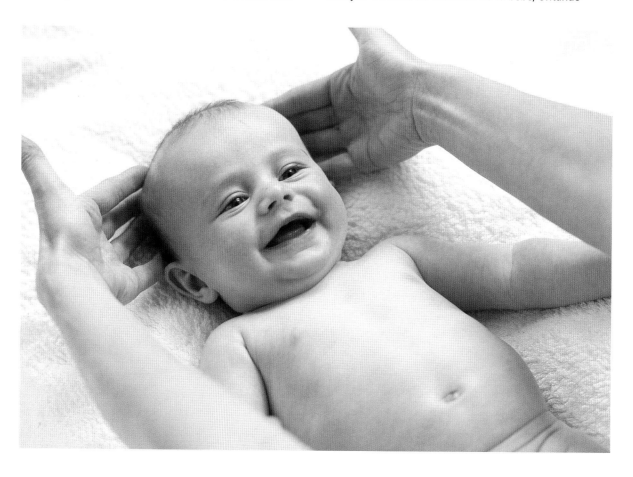

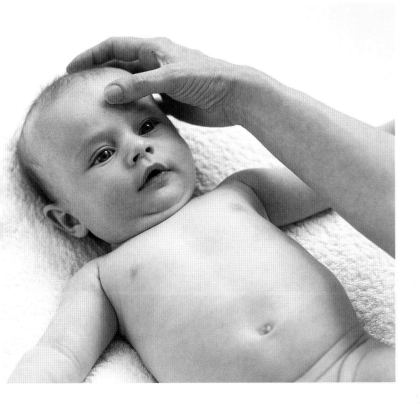

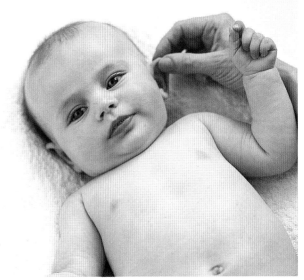

la delicada fontanela de encima. Utiliza un poco de aceite para aliviar la costra láctea, los eccemas o la piel seca del cuero cabelludo. Relaja tus manos mientras masajeas la cabeza con rozamientos extensos, luego masajea su cuero cabelludo con los dedos realizando pequeños movimientos circulares.

Paso 2
Acuna su cabeza en tus dedos (véase p. 40) mientras acaricias y estiras su frente con los pulgares. Continúa con el mismo tipo de caricias y estiramientos bajando por los lados de su nariz y a través de sus pómulos, utilizando una presión firme. Se trata de las zonas de la cavidad nasal, donde el masaje puede ayudar a aliviar la congestión y a despejar la nariz de tu bebé.

Paso 3
Utiliza la misma técnica para acariciar y estirar por encima y por debajo de los labios y de la barbilla la piel de tu bebé.

Sigue masajeando toda la zona de las mejillas con las yemas de los dedos. Cuando a tu bebé le estén saliendo los dientes, puedes darle un masaje con los dedos en el interior de la boca a lo largo de la encía inferior, donde aparecerán los dos primeros dientes.

Paso 4
Utiliza tus pulgares para estirar el borde exterior de sus orejas, y extiende un poquito de aceite detrás de los lóbulos, donde a menudo muchos bebés tienen una costra de piel seca.

Paso 5
El toque final calmante es un rozamiento con los pulgares desde el nacimiento del pelo hasta un punto entre las cejas. Cuando tu bebé tenga sueño o se despierte por la noche, puedes hacer que vuelva a dormirse con esta caricia a la que se alude en los masajes para bebé chinos con el nombre de «cierre de la puerta de la cabeza».

da la impresión de que a los bebés les encanta la sensación de que les den

pequeños estirones de pelo, lo que estimula todo el cuero cabelludo

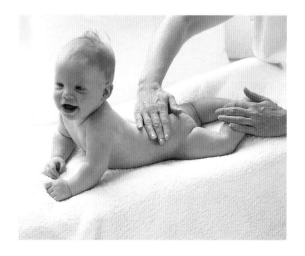

«A los gemelos les encantaba que les dieran un masaje en la espalda. Luego estaban felices y relajados, y muy somnolientos.»

TRACEY, MADRE DE HOPE Y MILES

masaje en la espalda
y en la columna vertebral

Aquí se sugieren tres posiciones alternativas para el masaje de la espalda. Se considera que acariciar desde el cuello hacia abajo tranquiliza y calma, mientras que acariciar hacia arriba estimula y vigoriza. Puedes escoger cualquiera de los dos masajes.

POSICIÓN 1: TUMBADO DE LADO

Un bebé muy pequeño se sentirá más cómodo si lo colocas atravesado sobre tu regazo, y le sujetas los hombros con la mano y el pecho con el brazo. Puede que la cabeza se le caiga o se le gire hacia un lado hasta reposar en tu brazo.

POSICIÓN 2: SENTADO

Esta posición es apropiada para un bebé pequeño que pueda inclinarse ligeramente hacia delante, utilizando tu brazo como apoyo mientras le das un masaje en la espalda. Puede que a los bebés más grandes les guste sentarse mientras les dan un masaje en la espalda. También puedes probar esta postura utilizando un almohadón, tal como se describe en «Volverse móvil» (pp. 48-49).

POSICIÓN 3: TUMBADO A LO LARGO

Cuando tu bebé haya desarrollado la fuerza suficiente en los músculos del cuello para sujetar la cabeza sin apoyo, normalmente alrededor de los cuatro meses, podrás tumbarlo a lo largo boca abajo para darle un masaje. Esta es la posición ideal porque te permite utilizar las dos manos. También es bastante cansado para tu bebé, por

lo que quizá a la larga acabe bajando la cabeza para descansar, pero no dejes que se duerma en esta posición; por seguridad, los bebés siempre tienen que dormir boca arriba.

LA SECUENCIA
Paso 1

Utilizando una mano o las dos, masajea con un suave rozamiento, desde la nuca de tu bebé directamente hasta sus pies.

Repite esta caricia muchas veces, firme y lentamente. También puedes acariciarle, la espalda de lado a lado, haciendo que se turnen las manos.

Paso 2

Coloca una mano en el cuello de tu bebé y la otra en sus pies; desliza las manos al mismo tiempo para darle un apretón en los grandes músculos del glúteo.

Paso 3

Acaba el masaje con algunos rozamientos más suaves, conocido como «masaje pluma», para mostrar a tu bebé que la sesión de masaje está acabando.

Aprender las técnicas es solo una parte de los masajes para bebés. Además de las caricias, añade tu música y fragancias favoritas. El éxito radica en crear una atmósfera íntima que haga especial la experiencia.

DIEZ FORMAS DE QUE...
el masaje sea todo un éxito

1 El masaje es estimulante, y tu bebé tiene que estar totalmente despierto y preparado para jugar cuando empieces. Puede que encuentres que el mejor momento para darle el masaje sea por la mañana, o después de una siesta o de un baño. No es productivo dar un masaje a un bebé cansado para que se duerma, y si lo intentas, solo conseguirás que se enfade y se vuelva irritable.

2 Para que responda bien al masaje, tu bebé necesita estar calentito: la habitación tiene que estar a unos 26 °C de temperatura o un poquito más fresca si tiene eccemas. Calienta el aceite, ya sea frotándote las manos antes de aplicarlo o calentando el bol antes de añadirle el aceite.

3 Asegúrate de tener a mano algo de beber para los dos. Aplicar un masaje en una habitación caldeada puede dar mucha sed, y la deshidratación hace que te sientas cansado. Tal vez tu bebé quiera parar un momento para refrescarse durante la sesión, así que aprovecha la oportunidad y bebe un vaso de agua o de zumo de fruta para recuperarte al instante.

4 De todos es sabido que los bebés se relajan cuando sus padres se relajan! De modo que, antes de empezar con la sesión de masaje, pon tu CD «de relajación» favorito para escucharlo con tu pequeño al tiempo que reúnes lo que necesitas y preparas la habitación. Antes de sentarte, abraza a tu bebé y muévete al ritmo de la música durante un rato para liberar la tensión de las caderas, de la espalda y de los hombros.

5 Sobre los cuatro meses de edad, a tu bebé le gustará sujetar y jugar con un juguete mientras le des el masaje; así pues, ten siempre cerca una cesta con juguetes pequeños y dáselos uno a uno, sustituyendo el que tiene por otro cuando pierda el interés.

6 Ajusta las cortinas o persianas para crear una atmósfera más íntima y en penumbra que te ayudará a «sintonizar» con tu sentido del tacto. Además, ello hará que te resulte mucho más fácil mantener el contacto visual con tu bebé.

7 A diferencia de los adultos, a los bebés les gusta mucho entretenerse mientras les dan un masaje. Puede ser divertido encontrarse con un amigo o amiga para masajear juntos a vuestros bebés. Más o menos a partir de los cinco meses, tu hijo empezará a observar y a demostrar interés por otros bebés.

8 Recuerda que el masaje recompensa tanto a la persona que lo da como a la que lo recibe con un ritmo cardíaco más relajado y un estallido de hormonas del optimismo.

9 Si tu bebé comienza a quejarse durante el masaje, puede que tal vez solo quiera cambiar de posición. Si sabes que no necesita comer ni dormir, a menudo el problema se resuelve levantándolo y cambiándolo rápidamente de posición. Prueba, y enseguida podrás reanudar el masaje.

10 Olvídate de los horarios. En el mejor de los casos los bebés son impredecibles; algunos días encontrarás que tu hijo aceptará un masaje más largo, y otros que tendrá suficiente con cinco o diez minutos. Déjate guiar por lo que él quiera. Incluso un masaje corto tendrá un efecto muy beneficioso.

técnicas para estimular
una buena postura

Nos maravillamos de la flexibilidad de los bebés y de los niños pequeños, pero esta puede perderse al crecer y quizá tu hijo acabe desarrollando malos hábitos posturales. Protege la futura movilidad de tu bebé estimulando las siguientes posturas de estiramiento y fortalecimiento.

DESARROLLO POSTURAL

Al ver cómo tu hijo se mete un pie en la boca sin ningún esfuerzo, es fácil imaginar que seguirá siendo igual de flexible durante los próximos años. Pero es más vulnerable a las lesiones posturales de lo que puedas imaginar.

Estas lesiones —comúnmente causadas por sillas mal diseñadas en la escuela y por estar obligados a

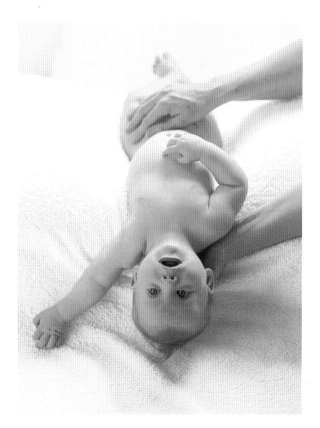

permanecer inmóviles durante largos períodos de tiempo— pueden apreciarse en niños de tan solo siete años de edad. Esto se produce a pesar del hecho de que los niños pequeños escogen, de forma instintiva, la postura correcta: por ejemplo, echando la silla hacia delante para que se balancee sobre las dos patas delanteras; las rodillas de un niño quedarán más bajas que sus caderas, lo que da como resultado una espina dorsal recta. Esto imita el principio que siguen las sillas ergonómicas, que incorporan un soporte para las rodillas debajo del asiento.

Una mala postura no solo afecta a la columna vertebral: comprime el abdomen y los órganos internos, lo que lleva a tener problemas digestivos y respiratorios. Sin embargo, existen diversas formas en las que puedes ayudar a tu bebé a desarrollar una espalda fuerte y sentar las bases de una buena postura en el futuro.

TUMBARSE Y SENTARSE

No dejes a tu bebé en la sillita del coche cuando acabes un viaje, por muy tentador que pueda ser permitir que eche una siesta en ella. Los bebes necesitan estar tumbados horizontalmente el mayor tiempo posible, hasta que sean capaces de sentarse sin ayuda, alrededor de los seis meses.

Cuando quieras poner derecho a tu bebé, hazlo en asientos que tengan un soporte adecuado para la espalda, con el fin de estimular una buena posición. Las sillitas y los cochecitos para bebés que hacen que tu hijo no esté ni sentado ni tumbado no le hacen ningún favor; observa cómo un niño pequeño tiene que esforzarse para «sentarse erguido» en uno de ellos. Es lo equivalente a tumbarse en una hamaca: menos cómodo de lo que parece.

DESARROLLO DE LOS MÚSCULOS

Es importante que a partir de los tres o cuatro meses dejes a tu bebé cada día boca abajo durante un breve período, con el fin de que pueda desarrollar los músculos necesarios para mantener la cabeza en alto. Incluso si al principio a tu bebé no le gusta estar tumbado sobre su parte delantera, anímalo con palabras de aliento y haciendo que sea divertido. Te sorprenderá lo rápido que se fortalecerán los músculos del cuello de tu bebé. Colócale los brazos por delante para que pueda utilizarlos como apoyo. Esta posición también fortalece la espalda: a los seis meses de edad, será capaz de balancearse de atrás hacia delante subiendo los brazos y las piernas.

FLEXIBILIDAD

Las sesiones de masaje para bebé pueden incluir varios ejercicios de estiramiento y encorvamiento, como el abrazo descrito en la página 39. Puedes cruzar las piernas de tu bebé de forma parecida al movimiento de los brazos utilizado en el abrazo, pero asegúrate de que sus rodillas estén flexionadas y de que el movimiento se haga despacio y sin forzar. Luego puedes cruzar un brazo con la pierna opuesta, y repetir en el otro lado.

A los bebés mayores les encanta inclinarse hacia delante y hacia atrás. Antes de que tu hijo lo haga sin ayuda, puedes estimular este tipo de movimientos aguantándole la cabeza mientras le ayudas a inclinarse todo lo que él quiera hacia delante y hacia atrás. Ambos estiramientos ayudan a aumentar la flexibilidad de la columna vertebral.

GATEAR

Aun cuando tu bebé solo tenga unas pocas semanas, puedes hacer movimientos de «pedaleo» con sus piernas mientras esté boca arriba: varía el ritmo, de lento y pausado

a rápido y más enérgico, para mantener su interés. Esto estimulará el gateo cuando llegue a esa etapa. Gatear desempeña un papel importante en el desarrollo de la columna vertebral, según los profesores del método Alexander, quienes recomiendan un suave balanceo de atrás hacia delante, a cuatro patas, para aliviar el dolor de espalda. Puedes animar a tu bebé a hacer lo mismo, colocándote junto a él en el suelo y practicando tú también.

los bebés que hacen ejercicio son propensos a llorar menos y a **dormir mejor**, por lo que incluir en la rutina de tu masaje unos cuantos **estiramientos simples** producirá un efecto maravilloso a la hora de añadir **energía** y **diversión**

volverse móvil

A partir de los seis meses, el masaje tiene que ser más activo y enérgico para avanzar al mismo ritmo que la creciente movilidad de tu bebé, así como para favorecer el crecimiento de sus músculos; más adelante, podrás tranquilizar y calmar a tu pequeño con sus caricias favoritas.

LEVANTARSE Y ECHAR A ANDAR

Casi antes de que te des cuenta, tu bebé se pondrá en movimiento. Un día te darás la vuelta y él habrá descubierto cómo ponerse boca abajo; a partir de ahí, en menos tiempo del que imaginas tu hijo se levantará y echará a andar. Pero, un poco antes de que llegue ese día, es muy probable que descubras que tu bebé ya no quiera estar tumbado de espaldas durante un largo período

mientras le das un masaje. No hay por qué renunciar a los masajes; simplemente prueba nuevas posturas que le permitan mirar a su alrededor, sostener y manipular un juguete, o quizá interactuar con otra persona que esté en la habitación.

POSICIONES PARA EL MASAJE

Una idea puede ser sencillamente sentar al bebé sobre tu regazo, con su espalda apoyada contra tu pecho. Hazlo cerca de un espejo (o sitúa un espejo cerca) para que todavía podáis veros la cara. No importa si no haces todos los rozamientos de los masajes: sé inventiva y adáptalos para que se ajusten a las nuevas circunstancias. Desde esta posición, por ejemplo, puedes acariciarle y presionarle la nuca con facilidad y masajearle los hombros.

Otra posición adecuada para un bebé con mayor movilidad es sentado e inclinado hacia delante, apoyado sobre un almohadón, mientras le das un masaje en la espalda. Para mantenerlo entretenido mientras lo haces, coloca un juguete o un librito para bebés a su alcance, y habla con él.

MASAJES PARA BEBÉS DE ENTRE SEIS MESES Y UN AÑO

Quizá a los seis meses de edad tu bebé ya haya superado los cólicos, pero todavía puede beneficiarse de los masajes durante esa etapa. Las nuevas y exigentes actividades pueden conducir a la sobreestimulación y a un bebé inquieto que no dormirá. Un masaje durante el día reducirá los niveles de estrés y más tarde le hará tener un sueño más profundo.

Aunque suele ser poco común en los bebés, el estreñimiento puede seguir a la introducción de la comida sólida; es posible aliviarlo con facilidad dándole un masaje circular en el abdomen o con las caricias de «amasamiento» esbozadas en las páginas 31 y 37. Los bebés a los que se les masajea con regularidad,

«Ruby me vio masajear a
su hermano pequeño, Louis,
y quiso formar parte. Le
encanta que nos masajeemos
mutuamente los pies.»

TRUDY, MADRE DE RUBY Y LOUIS

responden con poco estrés a las vacunas de un año
de edad, y muestran mejor coordinación física y mayor
seguridad en sí mismos que otros niños de su mismo grupo
de edad.

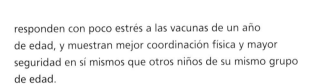

MASAJES PARA NIÑOS QUE EMPIEZAN A ANDAR

Los masajes a un niño que esté comenzando a andar
pueden ser un desafío, y requieren una buena dosis
de paciencia y buen humor por parte de los padres. Sin
embargo, igual que con los bebés, un masaje frecuente
será más fácil si siempre tiene las mismas asociaciones; dale
a tu bebé una selección de CDs para que escoja uno antes
de empezar, y quizá ten a mano una toalla especial que
utilices siempre para los masajes. Si dejas que te ayude
a preparar todas estas cosas, conseguirás que tenga una
disposición de ánimo colaborador.

SENTIRSE NECESARIOS

Una cosa a la que todos los niños pequeños responden es
la sensación de sentirse necesitados, así que pregunta a tu
hijo si primero quiere darte un masaje. Puede acariciarte la
cara y la cabeza, luego os podéis masajear mutuamente los
pies y las manos. Para evitar derramar aceite, utiliza en su
lugar una crema de manos agradablemente perfumada.
Si también tienes un bebé, puedes dar a tu hijo mayor una
muñeca y un poco de aceite en un bol, para que pueda
imitarte mientras masajeas al bebé.

la respuesta a tus preguntas

El masaje frecuente incrementará la salud física y emocional de tu pequeño, así como su bienestar, mientras que los rozamientos específicos pueden ayudar a aliviar las enfermedades más comunes del bebé.

¿PUEDE SER PERJUDICIAL MASAJEAR A UN BEBÉ?

Los masajes para bebés son por lo general seguros, aunque hay veces en los que se desaconsejan: por ejemplo, cuando tu bebé tenga mucha fiebre o no parezca encontrarse bien, como por ejemplo, justo después de las vacunas. No des un masaje a tu bebé si acaban de operarle o si está adormecido, y evítalo si tiene alguna infección o alguna lesión en la piel; tampoco lo hagas sobre la zona de una vacuna. La sobreestimulación puede impedir que duerma, así que no des un masaje a tu bebé cuando esté cansado.

¿CUÁNTO TIEMPO TIENE QUE DURAR EL MASAJE? ¿Y CON QUÉ FRECUENCIA SE LO DOY?

Tu bebé obtendrá el mayor provecho de los masajes si haces que formen parte de su hora de recreo, ya sea a diario, si puedes, o de tres a cuatro veces por semana. Guíate por tu bebé para saber cuánto tiempo tiene que durar la sesión. Por lo general, una sesión de veinte minutos es correcta, pero estará bien todo lo que sea entre diez minutos y media hora o más. ¡No cabe duda de que tu bebé te lo hará saber cuando esté listo para parar!

¿LOS MASAJES AYUDARÁN A DORMIR A MI BEBÉ?

Los masajes regulares mejorarán el patrón de sueño de tu bebé y le ayudarán a quedarse dormido con mayor rapidez; no obstante, estos estimulan el sistema nervioso, por lo que tu bebé no tiene por qué caer dormido inmediatamente después de un masaje. Es la frecuencia del masaje, en vez del momento, lo que ayuda a conciliar el sueño; así que masajéale siempre cuando esté completamente despierto, no cuando esté cansado.

¿PUEDO HACER ALGO PARA ALIVIARLO CUANDO LE SALGAN LOS DIENTES?

Cuando a tu bebé le empiecen a salir los dientes, puedes darle un masaje por toda la mandíbula con la punta de los dedos. También puedes darle un masaje a lo largo de las encías, por donde le estén saliendo los dientes. Antes, sumerge los dedos en zumo de limón, ya que tiene propiedades antiinflamatorias.

MI BEBÉ TIENE UN ECCEMA. ¿ES SEGURO UTILIZAR ACEITE?

Los aceites naturales son del todo seguros, pero realiza una prueba de alergia si utilizas aceite por primera vez (véase p. 25). El masaje puede ayudar a que tu bebé se relaje y a aliviar los picores. Si tu hijo tiene eccemas, las fibras de la toalla pueden picarle e irritarle la piel, así que colócalo sobre una superficie de suave algodón para darle el masaje.

¿LOS MASAJES PUEDEN ALIVIAR LOS CÓLICOS?

Se ha descubierto que masajear brevemente el abdomen alivia los cólicos. Otro remedio es la postura que se muestra en la página 50 (conocida como «Tigre en un árbol»), que a menudo tiene un efecto tranquilizador. Puede que se deba a la presión ejercida sobre el abdomen mientras al bebé se le permite total libertad de movimientos. Acuna a tu hijo con delicadeza y acállalo en esta posición.

¿PUEDO DAR UN MASAJE A MI BEBÉ SI ESTÁ RESFRIADO?

No tienes que desnudar a tu bebé para darle un masaje si está resfriado, pero puedes ayudarle a despejar la nariz deslizando los pulgares hacia abajo por los lados de la misma y siguiendo las indicaciones para los masajes en la zona nasal (véase p. 41).

yoga y gimnasia para bebés

Parece que los bebés tengan un talento natural para el yoga y la gimnasia. Sus cuerpos, recién desenroscados, están listos para estirarse y abrirse a las experiencias del mundo que los rodea. Entendidos como una moderada progresión del masaje para bebés, el yoga y la gimnasia también estimulan la interacción cariñosa entre los padres y su hijo: una experiencia satisfactoria y gratificante para ambos.

yoga y gimnasia: los principios

El yoga y la gimnasia para bebés se basan en posturas, estiramientos y ejercicios que puedes hacer con tu hijo para estimular un crecimiento saludable; también te ofrecen una forma de apoyarlo y animarlo en cada etapa de su vida. Tal vez prefieras probar algunos movimientos por primera vez en una clase de yoga para bebés.

UNA ALEGRÍA PERMANENTE

La finalidad del yoga y de la gimnasia es estimular la salud de los bebés y de los niños pequeños por medio de posturas, ejercicios y estiramientos a través del movimiento. El yoga y la gimnasia también te ofrecen una manera de estar atento a las necesidades de tu hijo y de estimular su rápido crecimiento.

El yoga y la gimnasia para bebés son una progresión natural del masaje, el cual es una buena preparación para las posturas y los movimientos. Puedes introducir a tu bebé al yoga a partir de los dos o tres meses de edad (véanse pp. 56-69). Cuando los bebés comienzan a gatear y pasan a ser más activos, es menos probable que se queden quietos; por eso es un buen momento para empezar la gimnasia para bebés (véanse pp. 70-79). A estas alturas, tu bebé tendrá más movilidad, fuerza y mejor coordinación, y le gustará que lo traten con un poco más de vigor.

Años de enseñanza de masajes, de yoga y de gimnasia para bebés me han permitido observar el progreso físico y psicológico de mis dos hijos y de muchos otros niños. He visto cómo aumentaba su seguridad en sí mismos, cómo sus cuerpos pasaban a ser más fuertes y flexibles, y crecía su sentido entusiasta de la aventura. Ha sido una alegría constante ver a los niños involucrándose en estas actividades con semejante interés y sin inhibiciones.

DÉJATE GUIAR POR TU HIJO

Las posturas del yoga y los movimientos de la gimnasia tienen que progresar de acuerdo con el crecimiento físico natural de los bebés.

En vez de pensar que los niños deberían estar haciendo determinadas cosas en ciertas etapas, es importante dejarse guiar por donde estén en función de su habilidad. Se están desarrollando a un ritmo y una velocidad correctos para ellos.

Se trata de un recorrido de exploración y aprendizaje, tanto para ti como para tu hijo, y puede llegar a ser una experiencia aún más enriquecedora y gratificante cuando la familia y los amigos participen.

PRÁCTICA REGULAR

El yoga y la gimnasia son una forma excelente de que los niños gasten su abundante energía, y se pueden utilizar como herramientas creativas para estimular su crecimiento. La práctica regular de los movimientos también ofrece los siguientes beneficios:

☐ Fortalece el vínculo entre tu hijo y tú.
☐ Aumenta la confianza de tu hijo en tu habilidad para encargarte de él.
☐ Ayuda a mantener la flexibilidad y elasticidad de las articulaciones mientras se fortalece el cuerpo.
☐ Estimula la buena coordinación de los movimientos, así como la agilidad y fluidez de los mismos.
☐ Crea buenos hábitos posturales.
☐ Fortalece y tonifica los músculos.
☐ Reduce la tensión física.

LO QUE DEBE Y NO DEBE HACERSE DURANTE EL YOGA Y LA GIMNASIA PARA BEBÉS

☐ Asegúrate de que tu bebé esté contento y tranquilo.
☐ Asegúrate de que la habitación en la que estéis no tenga ningún obstáculo.
☐ Ten cuidado; tal vez quieras poner colchonetas o cojines en el suelo para un buen aterrizaje durante alguno de los movimientos.
☐ Para y tranquiliza a tu hijo si llora durante los movimientos o las posturas. Puede que un niño no disfrute de un movimiento en particular, que esté cansado o que tenga hambre. Una vez que tu hijo haya recuperado la calma, puedes volver al ejercicio, a menos que haya

perdido el interés, en cuyo caso detente y vuelve a intentarlo otro día.

□ Incrementa gradualmente las posturas y movimientos, y diviértete durante el proceso.

□ No hagas posturas o movimientos si tu hijo está cansado o no se encuentra bien; tampoco si acaba de comer o, simplemente, no quiere hacerlos en ese momento.

□ No lleves joyas ni ropa que puedan obstaculizar las posturas o los movimientos. En general, debes hacer todo lo posible para evitar accidentes y lesiones, tanto en beneficio de tu hijo como tuyo.

el yoga y la gimnasia pueden ser **actividades** separadas

o pueden hacerse *juntas* y combinadas con una rutina de **masaje**

postura del sastre

Esta sencilla postura estimula la correcta posición de la columna vertebral del bebé cuando está sentado. También proporciona una posición de partida desde la que se pueden realizar otros movimientos.

CUÁNDO EMPEZAR

Una buena edad para introducir a un bebé a la postura del Sastre es a los tres o cuatro meses de edad. Para entonces, los bebés deberían ser capaces de aguantar el peso de su cabeza, y sus músculos deberían haber desarrollado la fuerza y el tono suficientes para permitirles quedarse derechos con vuestra ayuda.

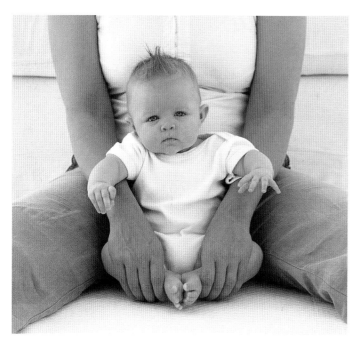

PREPARÁNDOSE

Siéntate en el suelo con las piernas estiradas (véase p. 64) o dobla las piernas y siéntate sobre los talones. Coloca a tu bebé en el suelo, entre tus piernas, y sujétale los brazos por debajo de las axilas.

En esta posición, tus brazos actúan como un arnés de seguridad que garantiza la estabilidad de tu hijo mientras tiras hacia dentro para mantener derecho a tu bebé.

LA SECUENCIA

Paso 1

Sujeta los tobillos de tu bebé con ambas manos, junta las plantas de sus pies cerca de la base de la columna vertebral. Inclínalo hacia delante hasta que sus brazos alcancen el suelo.

Con el tiempo, si no lo hace ya, tu bebé extenderá las manos en el suelo, frente a él, para apoyarse.

Paso 2

Coloca una mano en el pecho de tu bebé como soporte y con la otra acaricia hacia abajo con firmeza su columna vertebral, desde las vértebras cervicales hasta las vértebras lumbares. Esto ayuda a «arraigar» la espina dorsal, y da a tu bebé una estabilidad y un apoyo adicional mientras está sentado.

Puede que mientras le «arraigas» la columna vertebral, tu bebé sea capaz de aguantar la cabeza durante más tiempo de lo que es habitual.

postura del sastre giratoria

Levantar a tu bebé en la postura del sastre y columpiarlo delicadamente de un lado a otro añade una nueva dimensión a la idea de diversión en movimiento.

LA SECUENCIA

Paso 1

Siéntate sobre los talones, coloca a tu bebé en la postura del Sastre sobre tu regazo; ponte de rodillas y levántate, sosteniendo a tu bebé con los brazos. Deberías sentirte a gusto al realizar este movimiento, y debes tener cuidado de no tensar los hombros ni la espalda. Cuando estés de pies, inclina a tu bebé un poquito hacia delante, asegurándote de mantener los pies alineados con las caderas.

Paso 2

Cuando te hayas asegurado de tener firmemente agarrado a tu bebé, colúmpiale suavemente de un lado a otro. Luego, vuelve a depositarlo sobre tu regazo en la postura del Sastre.

«Desde que hacemos la postura del Sastre giratoria, Kiki ha ganado fuerza y cada vez puede mantenerse derecha durante más tiempo. Y le encanta: se ríe al verse en un espejo.»

VICKI, MADRE DE KIKI

doblar la espalda

Este ejercicio fortalece los brazos y las piernas, y facilita la respiración profunda. También ayuda a que tu hijo se recupere de la posición fetal que mantenía dentro del útero. Repite varias veces la secuencia, siempre y cuando a tu bebé le guste.

PREPARÁNDOSE

Para empezar, arrodíllate en el suelo con las piernas juntas o siéntate en una silla. Tumba a tu bebé boca arriba en tu regazo, y a continuación sujeta su antebrazo interior con una mano.

Anímale a que se estire bien dándole golpecitos en el pecho y diciendo: «Eaaa, eaaa». A los bebés suele gustarles, y poco a poco tu hijo aumentará la seguridad en sí mismo y echará la cabeza y los brazos hacia atrás, dando ocasión a que las piernas se estiren.

LA SECUENCIA

Paso 1

Para convencer a tu bebé de que se tumbe de espaldas, acaricia con la mano la parte delantera de su cuerpo para que se abra y deje que su cabeza descanse sobre tu regazo. Puede que al principio sientas la tentación de sujetar la cabeza de tu bebé. También es posible que él intente levantarla por sí solo.

Paso 2

Sujeta una pierna y la muñeca y la mano del brazo opuesto. Tira de ellos muy suavemente al mismo tiempo, dándole un buen estiramiento a lo largo de todo el cuerpo.

Paso 3

Repite el estiramiento con el otro brazo y la otra pierna.

posición de hombros, hacer la vertical y quedar colgado

Este ejercicio alivia la tensión de la columna vertebral. Pero asegúrate de que es capaz de sostener en alto su cabeza.

LA SECUENCIA

Paso 1

Esta serie de movimientos comienza con el bebé en la posición de «Doblar la espalda», tal como se describe en la página 58.

Paso 2

Para alcanzar la «posición de hombros», sujeta a tu bebé por las espinillas y las pantorrillas, jamás por los tobillos, y levántalo hasta que quede cabeza abajo. Con el fin de tranquilizar a tu bebé, mantén el contacto entre sus hombros y tus piernas, luego vuelve a tumbarlo sobre tu regazo.

Paso 3

Cuando ganes confianza al realizar la «posición de hombros» y veas que a tu bebé le gusta, levántalo de forma que sus manos queden en contacto con tu regazo y deja que disfrute de la experiencia.

Paso 4

Si a tu bebé le gusta, levántalo más alto hasta que ya no te toque. Simplemente déjalo colgando. Notarás que flexiona su cuerpo, aguantando parte de su propio peso. Después de un momento, vuelve a bajarlo con cuidado sobre tus rodillas.

postura del tigre giratoria

Esta es una buena postura para aliviar a tu hijo los cólicos y el estreñimiento, y para ayudarle a expulsar los gases. La ligera presión que tu mano ejerce sobre su barriga le proporcionará un poco de alivio, y si le masajeas en esta posición, le ayudarás aún más.

COLUMPIAR O NO COLUMPIAR

Esta serie implica columpiar a tu bebé de un lado a otro, primero sobre su barriga, luego sobre su espalda. En cualquier caso, la «postura del tigre» sin el balanceo es en sí misma una excelente posición para sujetar a tu bebé aunque no tenga problemas digestivos.

Por otra parte, también puedes utilizarla para llevar a tu pequeño de un lado a otro, ya que también resulta beneficiosa para ti, pues minimiza la tensión en tu espalda, cuello y hombros.

LA SECUENCIA

Paso 1

Pasa uno de tus brazos entre las piernas de tu bebé y coloca tu mano sobre su barriga. Sostenlo alrededor de la parte superior de su pecho con la otra mano; en esta posición posibilitaras que su cabeza descanse cómodamente sobre tu antebrazo.

Paso 2

Mece a tu hijo de un lado a otro, y continúa con el balanceo siempre que a tu bebé le guste.

Paso 3

Para variar, sujeta a tu bebé en una postura parecida sobre su espalda. Mientras lo meces de un lado a otro, como antes, puedes interactuar con él hablándole y riéndote, y no olvides mantener con él en todo momento el contacto visual.

«Cuando comenzamos con el yoga para bebés, me sentía un poco indecisa a la hora de realizar algunos movimientos y no estaba muy segura de mí misma. ¡Ahora hacemos la "postura del tigre giratoria" cada día, y Loxie no tiene miedo y disfruta con ello!»

ANNA, MADRE DE LOXIE

gran impulso

Este ejercicio hará que crezca la confianza de tu bebé en sí mismo y en ti, ya que le ofreces la oportunidad de experimentar el espacio que hay a su alrededor.

PREPARÁNDOSE

Tu postura es especialmente importante a la hora de realizar este ejercicio: mantente de pie, con los pies separados a lo ancho de las caderas y con las rodillas ligeramente flexionadas. El impulso te permitirá estirar bien la espalda, los brazos y los hombros. De todos modos, esta postura es inadecuada si tienes problemas de espalda.

LA SECUENCIA

Paso 1

Con tu bebé de espaldas a ti, cógelo por debajo de los brazos y levántalo frente a ti. Puedes cantarle una canción infantil como «Luna lunera».

Paso 2

Asegúrate de que tu bebé sepa que lo tienes bien sujeto, levántalo por encima de tu cabeza y luego bájalo de espaldas a ti.

Repite el impulso unas cuantas veces, hasta que notes que tu pequeño se cansa.

flexión hacia delante

Este movimiento se hace junto a la canción infantil «Rema, rema sin parar». Entonar la canción al mismo tiempo que se hace el ejercicio ayuda a guiar a tu hijo en la flexión hacia delante.

PRÁCTICA DEL REMO
Para empezar, siéntate en el suelo con las piernas separadas y coloca a tu bebé en el medio, de espaldas a ti, en la «postura del sastre».

Sujeta sus brazos y ábrelos bien. A continuación, muévelos de atrás hacia delante, como si le ayudases a remar. Mientras practicáis, canta o escucha con él la canción infantil.

«Ruben adora cantar. Desde que hacemos la "flexión hacia delante" le gusta especialmente la canción "Rema, rema sin parar", al mismo tiempo que realiza un buen estiramiento.»

REBECCA, MADRE DE RUBEN

de «postura del sastre» a «apertura lateral de piernas»

Este ejercicio aumentará la estabilidad de tu bebé al sentarse y sus movimientos sean más fluidos.

APERTURA LATERAL DE PIERNAS

Comenzando a partir de la «postura del sastre» (véase p. 56), pon las palmas de las manos en las rodillas de tu bebé, sujeta sus piernas y ábreselas hacia los lados. Encógeselas de nuevo y repítelo tantas veces como él quiera. Haz rebotar ligeramente las rodillas de tu hijo de arriba abajo para relajar sus piernas y liberar la tensión.

A fin de que sea más divertido, acompaña la acción con una canción infantil o inventada, o introduce los números.

abrir y encoger las piernas

Cuando tu bebé se sienta relajado y seguro con los movimientos, trabajará bien contigo y dejará que lo guíes.

ENCOGER LAS PIERNAS ABIERTAS

Comienza a partir de la «postura del sastre» (véase p. 56), sujeta los tobillos de tu bebé y llévalos hacia dentro de forma que sus piernas se eleven del suelo. De nuevo, el ritmo de la canción «Rema, rema, sin parar» es un buen acompañamiento para realizar este ejercicio.

Puedes repetir esta práctica tantas veces como tu bebé quiera.

apertura lateral de piernas en movimiento

Este es un buen ejercicio para estirar los músculos de las pantorrillas y de los muslos, lo que ayuda a mantenerlos bonitos y flexibles, mientras que al mismo tiempo protege y fortalece la espalda.

SINTIENDO EL RITMO

Cuando tu bebé empiece a gatear, los músculos de los muslos comenzarán a tonificarse y a estirarse, lo que puede limitar su flexibilidad. Esta actividad estimula la relajación de los músculos a la vez que ayuda a mantener la flexibilidad. Es una buena continuación del ejercicio de la página 64 (de «postura del sastre» a «apertura lateral de piernas».) Aprovecha la oportunidad para estirarte tú también y sincroniza tus movimientos con los de tu hijo. Escuchar su canción infantil favorita y coordinar la acción con el compás y el ritmo de la música son actos que ayudarán a que tu hijo mantenga la atención.

GUARDAR EL COMPÁS

Partiendo de la «postura del sastre», coloca las manos en los tobillos de tu bebé. Dobla una pierna de golpe, luego vuelve a estirarla. Sigue moviendo las piernas al compás de la música. A medida que llegue a disfrutar de esta actividad, tu bebé tendrá muchas ganas de seguir repitiéndola hasta que se harte.

«Siempre que realizo estos ejercicios con Ruben recuerdo que tengo que aprovechar la oportunidad para estirarme yo también.»

REBECCA, MADRE DE RUBEN

doblar la espalda, impulso y dar la vuelta

Por lo general, los padres suelen ser más aprensivos que los bebés a intentar realizar esta secuencia de movimientos, que es segura realizar alrededor de la fase de gateo, ya que para entonces tu hijo habrá adquirido la fuerza y el desarrollo físico necesarios.

CUIDADO Y ATENCIÓN

Estos movimientos son seguros, tanto para ti como para tu bebé, siempre y cuando le cojas las piernas por las espinillas y las pantorrillas, y no por los tobillos. Este tipo de sujeción elimina el riesgo de tirar y forzar la articulación de los tobillos.

BENEFICIOS

Un niño relajado y dispuesto obtendrá el máximo beneficio de esta secuencia de movimientos, que ayuda a incrementar la fuerza de los músculos de la cadera. Sin duda, notarás cómo se asombran tus amigos y familiares cuando se lo enseñes.

Mientras tu hijo aprende a realizarlo y tú adquieres más confianza, verás que tu bebé cada vez se relajará más en las distintas posturas y se convertirá en un participante muy dispuesto, dejando que lo guíes y lo sostengas a lo largo de los movimientos.

«Doblar la espalda, impulso y dar la vuelta» es la consecuencia lógica a «Doblar la espalda» y a la «posición de hombros, hacer la vertical y quedar colgado», que se describen en las páginas 58 y 59.

LA SECUENCIA

Paso 1

Arrodíllate en una alfombra o almohadón, o siéntate en una silla. Sigue los pasos de «Doblar la espalda» tal como se describen en la página 58. Coloca las manos justo por encima de los tobillos de tu bebé.

Paso 2

Levanta a tu hijo a partir de la posición de «Doblar la espalda» y sujétalo cabeza abajo. Haz girar su cuerpo hasta que mire hacia el suelo, para que puedas prepararte a tumbarlo sobre tus rodillas. Intenta concentrarte para que el ejercicio salga bien.

Paso 3

Deja a tu bebé tumbado boca abajo sobre tu regazo. Es probable que extienda los brazos y coloque las manos en el suelo frente a él.

Paso 4

Repite toda la secuencia, pero esta vez comienza con tu pequeño boca abajo.

Aunque puede que los **padres** tengan **reservas** iniciales, no hay ninguna

duda de que los **bebés adoran** la sensación de estar colgados libremente

caída hacia atrás

Esta secuencia de movimientos permite mantener la flexibilidad y
elasticidad de tu hijo, al mismo tiempo que estimula su cuerpo para que se
abra y fortalece su espalda. También es muy divertido para los dos.

EN MOVIMIENTO

Tal vez tu hijo haya alcanzado la etapa en la que ya no desee
estarse quieto para que le den un masaje y tenga más interés
en ir de un lado a otro y explorar el mundo que lo rodea.
Realizar la «Caída hacia atrás», así como movimientos
parecidos, ayudará a mantener el saludable vínculo
establecido entre vosotros en las secuencias anteriores.

Un niño puede empezar a realizar la «Caída hacia atrás»
alrededor de los siete meses de edad, o antes,
dependiendo de su desarrollo físico o de si se ha
acostumbrado a realizar el ejercicio «Doblar la espalda»
(véanse p. 58 y pp. 66-67).

A los niños de esta edad les encanta que los propulsen
hacia arriba.

Mientras desarrollan su movilidad, aprenden a darse
la vuelta y puede que empiecen a gatear. ¡Se acabaron

los días en los que podías dejar a tu hijo en la otra
habitación y a tu regreso él seguía en el mismo sitio!
Realizar juntos los movimientos de yoga te ayudará a
adquirir confianza en la habilidad y el potencial de tu
hijo, lo que puede ser un estímulo para su desarrollo
psicológico.

Si tu hijo no se muestra demasiado entusiasmado a
la hora de hacer la secuencia, puedes animarlo cantando
y realizando sonidos que sepas que le gustan; o intenta
hacer rebotar su cuerpo con mucho cuidado mientras
le induces a poner en práctica los movimientos, lo que
aliviará la tensión y ayudará a que se relaje. Cuando veas
que no quiera seguir, para, y vuelve a probar un poco más
tarde u otro día.

Tu hijo puede realizar la secuencia «Caída hacia atrás»
mientras tú estás arrodillada o sentada en una silla o en

un sofá. Elige la posición que te haga sentir más cómoda y segura. A medida que tu hijo crezca, trata de realizar los movimientos mientras tú estás de pie.

LA SECUENCIA
Paso 1
Abraza a tu hijo y pon sus piernas alrededor de tu cintura. Coloca una mano como respaldo en la base de su espalda y la otra alrededor de su nuca.

Paso 2
Anima a tu bebé a expandir el pecho y la parte delantera de su cuerpo apoyándolo sobre tu regazo en una vuelta hacia atrás. Una buena manera de hacerlo es inclinando tu cuerpo hacia delante, sobre tu hijo, guiándolo hacia atrás.

Paso 3
Coloca tus manos, con las palmas hacia abajo, en la parte superior de su pecho y sujeta sus hombros con suavidad. Esta es una posición muy segura y de respaldo para tu hijo. Incorpórate sobre las rodillas para guiar sus piernas hacia arriba.

Paso 4
Mantente cerca de tu pequeño para darle tranquilidad y soporte, levántale las piernas y pásalas a través de tus brazos.

Paso 5
Guía las piernas de tu hijo de vuelta hacia el suelo, manteniendo un buen apoyo, hasta que lo toque con los pies. Luego levántalo hasta que esté de pie.

CAÍDA HACIA ATRÁS

doblar la espalda de pie

Se trata de la primera de una serie de actividades más enérgicas que os introducirán, tanto a ti como a tu hijo, a las delicias de la gimnasia para bebés. Son el resultado natural de los movimientos del yoga tratados anteriormente, pero no los pruebes hasta que tu hijo esté preparado.

BENEFICIOS

«Doblar la espalda» y ejercicios parecidos estimulan la coordinación, la flexibilidad, la elasticidad, la fuerza y la fluidez de movimientos.

LA SECUENCIA

Paso 1

De pie, levanta a tu hijo y coloca sus piernas alrededor de tu cintura. Abraza a tu pequeño, extiende uno de tus brazos y deja que tu hijo caiga sobre él. Cuando lo intentes por primera vez, puedes colocar una mano bajo su cabeza, a modo de soporte, y la otra en la base de su espalda.

Paso 2

Cuando te sientas segura, suelta la cabeza de tu hijo y déjale que cuelgue de espaldas, luego súbelo y vuelve a abrazarle.

Puedes repetir este ejercicio cuantas veces quiera.

los niños disfrutan de un **estimulante** sentido de la **libertad**

cuando pueden **colgarse** y columpiarse **cabeza abajo**

balanceo con la espalda doblada

Una vez que domines la simple postura de «Doblar la espalda», puedes añadir un balanceo de lado a lado para conseguir que tu hijo haga un estiramiento más profundo.

DEJA QUE TU HIJO SE DIVIERTA

Con el apoyo de un adulto, los niños pueden dejarse ir y disfrutar de este maravilloso estiramiento.

Si quieres probarlo con tu hijo, asegúrate de que lo haces por lo menos un par de horas después de la comida.

Un consejo más: no lo intentes a menos que tu pequeño esté de buen humor y muestre una evidente buena disposición a participar.

LA SECUENCIA

Paso 1

Sigue la misma secuencia que para «Doblar la espalda de pie», tal como se describe en la página 70.

Paso 2

Haz rebotar ligeramente a tu hijo, de arriba abajo con ambas manos, aguantando la parte inferior de su espalda; esto hará que se estire aún más.

Una vez que tu pequeño se sienta cómodo con esta divertida práctica, balancéalo suavemente de un lado a otro.

Paso 3

Tráelo de vuelta, abrázalo y vuelve a intentarlo tantas veces como tu hijo quiera, ¡o mientras tus brazos lo resistan!

«Desde que era un bebé, a Mazi siempre le ha gustado colgar cabeza abajo. Cuando la sujeto, se dobla hacia atrás, por lo que es algo natural para ella realizar estos movimientos.»

KIRI, MADRE DE MAZI

de doblar la espalda a posición de pino

Esta secuencia proporciona un estiramiento maravilloso a través de la espalda y de todo el cuerpo. Mientras tu hijo aguanta, con tu ayuda, todo su peso sobre las manos, fortalecerá los músculos de los brazos, de los hombros y de la espalda.

TU POSTURA

Estos movimientos dependen de que sujetes y aguantes a tu hijo firmemente. Por ello es importante que siempre prestes atención a tu propia postura y a la salud de tu columna vertebral. No realices este ejercicio con tu hijo si tienes algún problema en la espalda.

Tal como se muestra en la fotografía de la izquierda de la página 73, puedes utilizar los muslos para que tu hijo se recueste sobre ellos mientras lo llevas hacia el suelo. Es importante mantener un estrecho contacto corporal, que dará confianza a tu hijo y hará que se sienta seguro. De esta forma podrá relajarse para realizar el movimiento.

REALIZÁNDOLO DE OTRA MANERA

Como alternativa, puedes empezar la secuencia levantando a tu hijo, tumbado en el suelo, en posición de pino cogiéndolo justo por encima de los tobillos.

Antes de iniciar la serie de ejercicios, no estaría de más que preparases colchonetas y almohadones a vuestro alrededor a fin de asegurar un aterrizaje suave y ayudar a que los dos os sintáis más seguros.

LA SECUENCIA
Paso 1

De pie, abraza a tu hijo y coloca sus piernas alrededor de tu cintura y bájalo doblando su espalda (véase p. 70).

Mantén tus dos manos en la parte inferior de la misma a modo de apoyo y reclínalo hacia atrás para que se estire.

Paso 2
Mientras reclinas a tu hijo hacia atrás, desliza las manos hasta sus caderas.

Esta es una forma muy segura de cogerlo. Además, sentirás que lo tienes bien agarrado.

Paso 3
Dobla las rodillas y baja a tu hijo sobre tus muslos a modo de apoyo. A continuación, puedes dejar que se deslice hacia el suelo y subir tus manos hasta sus rodillas.

Verás como tu hijo comienza a echar sus brazos hacia atrás.

Paso 4
Coloca las manos en las rodillas de tu pequeño y deslízalas por sus piernas hasta justo por encima de los tobillos. Endereza las rodillas y sujeta a tu hijo a cierta distancia de tu cuerpo mientras le llevas las manos hasta el suelo en posición de pino.

Desde esa postura, puedes bajar su cuerpo hasta el suelo para que se quede tumbado boca abajo.

Una vez que haya tenido la posibilidad de descansar, si lo deseas, comienza de nuevo la secuencia.

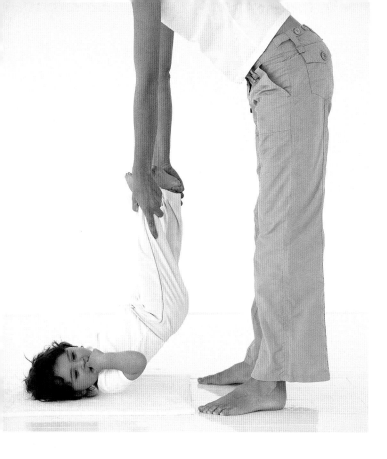

« Este ejercicio es excelente para Mazi ya que puede relajarse en la "posición de hombros". También puede consumir un poquito de energía y divertirse; al mismo tiempo, es fortalecedor y tonificante. »

KIRI, MADRE DE MAZI

de doblar la espalda a posición de hombros

Este ejercicio imita las posturas de inversión del yoga para adultos, solo que en este caso tendrás que ayudar a tu hijo a alcanzar la posición. Como todo este tipo de posturas, proporciona un buen contrapeso a los largos períodos en los que está de pie.

CONTINUAR CON EL BUEN TRABAJO

A medida que practiquéis y os familiaricéis cada vez más con la «postura de hombros» y con las demás secuencias de yoga y de gimnasia descritas en este capítulo, comenzarás a notar mejoras en la fuerza, flexibilidad, agilidad, coordinación, elasticidad, confianza y resistencia de tu hijo.

Tal vez merezca la pena, para continuar el buen trabajo que habéis empezado, unirte a una clase de yoga para bebés. Cuando los niños no tienen la oportunidad de estirarse o de beneficiarse de los masajes, sus músculos pueden tensarse, haciendo que las articulaciones se

pongan rígidas. Con el tiempo, esto puede llegar a ser perjudicial a la hora de adquirir una buena postura, tanto sentado como de pie.

CUÁNDO INTENTAR LA POSTURA DE HOMBROS

Es preciso que tu hijo tenga al menos un año de edad antes de realizar este ejercicio con él. Para entonces, ya habrá adquirido el lenguaje y la capacidad de comprensión necesarios para que puedas darle instrucciones y guiarlo hasta que alcance la postura, lo cual hará que te resulte mucho más fácil conseguir que el pequeño coopere.

las posturas de inversión son buenas para la circulación

y además ayudan a liberar la tensión del cuerpo

LA SECUENCIA

Paso 1

Comienza la secuencia con «Doblar la espalda de pie» (véase p. 70). A partir de esta posición, deja que tu hijo se eche hacia atrás y bájalo hasta que pose sus hombros en el suelo. A continuación, sostén su peso y déjale disfrutar de este estiramiento. Cuando se haya cansado, te lo hará saber, y también te indicará sin duda si quiere volver a repetirlo.

Paso 2

Con cuidado, deja caer a tu hijo sobre su espalda en el suelo, donde tal vez quieras tener preparada una colchoneta o unos almohadones para que tenga un suave aterrizaje.

Paso 3

Repite la secuencia o, como variación, sujeta a tu hijo justo por encima de los tobillos y levántalo hasta que alcance la «postura de hombros».

columpiarse cabeza abajo

Durante este estiramiento se libera tensión a la vez que se alarga la columna vertebral.

LA SECUENCIA

Paso 1

Sigue los pasos de «Doblar la espalda de pie» (véanse pp. 72-73), o pide a tu hijo que se tumbe boca arriba, sujétale las piernas exactamente por encima de los tobillos, levántalo y déjalo colgando cabeza abajo.

Paso 2

Siempre y cuando a tu hijo le guste, balancéalo un par de veces de un lado a otro. Luego, dependiendo de lo bien que se lo esté pasando, repite la secuencia o continúa balanceándolo suavemente de un lado a otro.

lanzar y atrapar

Este movimiento es muy divertido y encanta a la mayoría de los niños. Te ayudará a ganar confianza en el manejo de tu hijo, y él aumentará su confianza en ti.

PURA ALEGRÍA

Es encantador ver la expresión de un niño al que le gusta que lo lancen al aire y lo atrapen. Puedes probar esta actividad con un bebé de tan solo tres o cuatro meses, pero ve preparando el terreno poco a poco, quizá comenzando por el movimiento «Gran Impulso» (véase p. 62). Si el niño se lo está pasando bien, puedes repetir varias veces el ejercicio.

LA SECUENCIA

Paso 1

Sujeta a tu hijo, de cara a ti, por debajo de los brazos. Comienza a levantarlo poco a poco mientras cuentas «1, 2, 3».

Paso 2

Lanza a tu hijo al aire.... ¡y cógelo!

estiramiento estrella

A los niños les encanta realizar el «Estiramiento estrella», sobre todo cuando este incluye que les den varias vueltas alrededor, aunque es necesario hacerlo con especial cuidado. Para evitar estirar más de lo necesario o lastimar las articulaciones, asegúrate de sujetar a tu hijo por encima de los tobillos y de las muñecas, y no por las articulaciones mismas.

AFIANZÁDOSE EN LA POSTURA

Puesto que en este ejercicio tendrás que coger y aguantar todo el peso de tu hijo, es importante para tu bienestar que comiences esta secuencia en la postura correcta.

Tal como se muestra en la fotografía de abajo, tienes que doblar las rodillas y ponerte en cuclillas, antes de sujetar las extremidades de tu hijo justo por encima de la muñeca y del tobillo.

(Evita realizar este ejercicio si tienes algún problema de espalda.) La posición correcta de tu mano también es de gran importancia para la comodidad y seguridad de tu hijo; ten cuidado de no cogerlo por las articulaciones de la muñeca ni por las del tobillo.

Ya que este ejercicio es un poco más complicado que los otros que se describen en este capítulo, es aconsejable intentarlo, al menos al principio, en una clase de yoga dirigida por un profesional.

LA SECUENCIA

Paso 1

Coloca a tu hijo tumbado de espaldas en el suelo, y luego acuclíllate a su lado derecho sin dejar de mirarlo. A continuación, coge su brazo derecho y su pierna derecha.

Paso 2

Levanta a tu hijo, y vuelve a colocarlo suavemente sobre el suelo.

Paso 3

Levántate de nuevo y colúmpialo suavemente de un lado a otro tres o cuatro veces, o hasta que se canse.

Paso 4

Dale una vuelta en círculo, luego vuelve a dejarlo suavemente sobre el suelo.

Paso 5

Para igualar el estiramiento, repite con el otro lado.

El yoga y la gimnasia para bebés son actividades muy divertidas, pero hay muchas maneras de mejorar tanto la relajación de tu bebé como las sesiones de ejercicios para que los dos os lo paséis aún mejor.

I Una de las formas más productivas de interactuar con tu bebé y construir una relación de confianza mutua es a través del lenguaje.

Si explicas a tu bebé los movimientos que vayáis haciendo juntos —describiéndoselos y comentándoselos a medida que los realizáis—, animarás a tu hijo a que te responda y se comunique contigo. ¡Verás como pronto será tu bebé quien decida qué ejercicios hacer!

DIEZ FORMAS DE... *divertirse más*

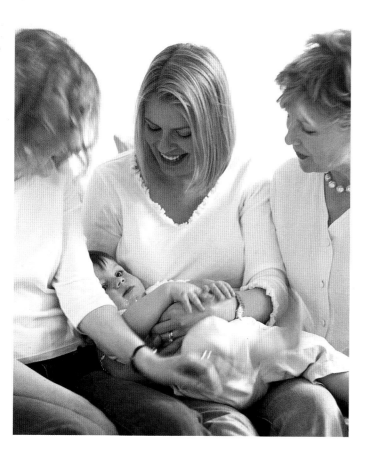

2 Pon música para acompañar los movimientos de yoga y de gimnasia. A los niños les encanta la música, y cualquier tema, desde las composiciones de Mozart hasta las sintonías de sus programas de televisión favoritos, puede ayudar a crear un buen ambiente. La música proporciona un ritmo y un tono de fondo con los que realizar los ejercicios, algo que resulta especialmente bueno a la hora de repetir los movimientos.

3 Cantar es una forma excelente de animar a tu bebé a aprender canciones infantiles y adquirir sentido del ritmo. «Rema, rema sin parar» va bien con la «Flexión hacia delante» (véase p. 63), y «Luna lunera» es un buen acompañamiento para la «Apertura lateral de piernas» (véase p. 64).

Tu hijo aprenderá a asociar algunos de los movimientos del yoga y de la gimnasia con determinadas canciones. Además, recordará qué debe hacer la próxima vez que escuche esos sonidos; ya lo verás.

4 Invita a otros miembros de tu familia a involucrarse en las actividades de yoga y de gimnasia que estés planeando. Se trata de una forma maravillosa de animarlos a interactuar físicamente con tu hijo, y reforzará su confianza a la hora de tratar al recién llegado. Desde los abuelos hasta las tías, tíos y hermanos, seguro que todo el mundo se lo pasará bien.

5 Por lo general, la confianza del padre a la hora de coger a su pequeño aumenta a medida que el bebé desarrolla mayor movilidad. Aprovecha la oportunidad que ofrecen las sesiones de yoga y de gimnasia para bebés para animar a tu pareja a participar; tu hijo pasará un «tiempo con papá» de buena calidad. Deja que tu pareja participe en todas las actividades posibles que impliquen interacción física con el bebé.

6 Ríete con tu hijo. Reírse y establecer contacto visual mientras hacéis yoga y gimnasia son formas maravillosas de cuidar la comunicación. La risa también es buena para el alma y ayuda a estimular el sistema inmunológico.

7 Juega con tu hijo. Sé creativa e invéntate juegos que guarden relación directa con los ejercicios de yoga y de gimnasia que estáis practicando. Por ejemplo, puedes simular que tu hijo es un avión al realizar la «postura del sastre giratoria» (véase p. 57), o puedes jugar a que es un cohete en la postura de «Lanzar y atrapar» (véanse pp. 76-77).

8 Utiliza un espejo. Los niños disfrutan mucho viendo su reflejo en el espejo mientras se columpian cabeza abajo (véase p. 76) o realizan el «Estiramiento estrella» (véanse pp. 78-79). También puedes incorporar un espejo en juegos como «¿Me ves? No me ves».

9 Cuando el tiempo lo permita y siempre que puedas, aprovecha la ocasión para salir al aire libre y utilizar el espacio de tu jardín o el de un parque para realizar los ejercicios de yoga y de gimnasia. Si vais al parque regularmente, incluso es posible que tu hijo llegue a hacer nuevos amigos.

IO Si dispones de tiempo y un espacio adecuado, organiza reuniones informales con otros niños y con sus padres. Por lo general, los niños disfrutan de las actividades en las que, además de ellos, participan otras personas, lo que hace que sea más divertido para todos los implicados. Orienta a tu hijo para que aproveche esos momentos para aprender, divertirse y empezar a hacer vida social.

la respuesta a tus preguntas

Es agradable observar a un niño que parezca estar totalmente cómodo con su cuerpo, y que sepa expresar esa sensación de comodidad a través de la agilidad y de la libertad de movimientos.

¿QUÉ BENEFICIOS OBTENDRÁ MI HIJO DEL YOGA Y DE LA GIMNASIA?

Estas actividades estimulan una buena postura y una columna vertebral sana. Una postura como la del sastre (véase p. 56) estimula el desarrollo de un buen hábito postural, que será muy útil a tu hijo cuando crezca. Una mayor fuerza y agilidad del cuerpo pueden ayudar a preparar a los niños para otros deportes, y tal vez te animen a llevarlo a una clase de yoga infantil.

¿HAY ALGUNA OCASIÓN EN LA QUE NO DEBA HACER YOGA O GIMNASIA CON MI HIJO?

A un niño enfermo no le gustará hacer yoga ni gimnasia. Después de comer, hay que dar a los niños cierto tiempo para que digieran la comida antes de participar en cualquier actividad física. Tal vez a un niño demasiado cansado o sobreestimulado no le guste el yoga ni la gimnasia, ¡y tú tampoco lo pasarás bien!

¿CADA CUÁNTO DEBEMOS HACER YOGA Y GIMNASIA?

Podéis hacer una sesión por día... ¡O cuando tengas ganas! A muchos padres les gusta incorporarlas a la rutina diaria, lo que puede ayudar a organizar las actividades del día.

¿CUÁNDO REALIZAR LOS MOVIMIENTOS?

Cualquier hora es buena. Un momento idóneo para probar es cuando tu hijo esté despabilado y contento. Obsérvalo y déjate guiar por él, será entonces cuando obtengas el mejor resultado de la experiencia.

¿LAS POSTURAS PUEDEN DAÑAR A MI BEBÉ?

Las posturas y los movimientos descritos en este capítulo no harán ningún daño a tu bebé siempre y cuando se realicen correctamente. Cuando intentes hacer los movimientos por primera vez, utiliza una colchoneta o almohadones como forma de seguridad adicional. Si no terminas de ver cómo sujetarlo o que postura adoptar, únete a una clase de yoga para bebés y pide consejo a un experto.

¿PUEDEN EL YOGA O LA GIMNASIA CAUSARME ALGÚN TIPO DE DAÑO?

Con tal de que prestes atención a tu postura corporal y a la forma en la que utilices tu cuerpo, ni el yoga ni la gimnasia para bebés te harán ningún daño. Es importante adoptar la posición correcta, sujetar bien a tu hijo, y utilizar el soporte de almohadones, colchonetas y sillas a la hora de hacer algunos agarres y balanceos. En la «postura del sastre giratoria» (véase p. 57), lo mejor es que sostengas a tu bebé perfectamente equilibrado, para no sufrir ningún tirón en los hombros ni en la espalda.

el yoga y la gimnasia para bebés implican a tu hijo en

actividades físicas que pueden proporcionarle

buena salud, felicidad y bienestar

¿QUÉ DEBO HACER SI MI BEBÉ LLORA MIENTRAS HACEMOS YOGA O GIMNASIA?

Si tu bebé llora mientras hacéis los movimientos, para y tranquilízalo. Puede que el bebé tenga hambre, esté cansado, nervioso o simplemente ya no quiera practicar más.

Responde a los deseos de tu bebé. Puedes volver a intentar los movimientos cuando el pequeño se haya tranquilizado, o dejarlos para otro día. Una vez más, déjate guiar por tu bebé.

¿QUÉ OCURRE SI A MI BEBÉ NO LE GUSTAN ALGUNAS DE LAS POSTURAS O DE LOS MOVIMIENTOS?

Habrá momentos en los que a tu hijo no le gustará hacer algún movimiento o postura, en particular la primera vez que los pruebe. Con la práctica, tanto tú como tu hijo llegaréis a conocer los movimientos y a disfrutarlos, especialmente cuando ambos os sintáis más seguros. Si queda claro que tu hijo no quiere hacer un movimiento en particular, no te preocupes; pasa a otro y vuelve a intentarlo en otra ocasión.

¿DEBO EVITAR ALGÚN MOVIMIENTO EN PARTICULAR?

No, a menos que tu hijo tenga algún problema físico, como por ejemplo una cadera dislocada, no hay ningún movimiento contraindicado. De todos modos, si es necesario, pide consejo profesional. Además, déjate guiar por la etapa que haya alcanzado tu hijo en función de su desarrollo. La fuerza y el control que los niños tengan sobre su propio cuerpo determinarán su habilidad para hacer algunos movimientos y no otros.

¿HASTA QUÉ EDAD PUEDE HACER YOGA Y GIMNASIA UN NIÑO?

No hay ningún límite en particular, así que también en este caso déjate guiar por tu hijo. Tal vez te encuentres con que tu bebé ha pasado a ser demasiado grande o pesado para seguir realizando alguno de los movimientos, como la «postura del sastre giratoria».

Si deseas que tu hijo avance en prácticas saludables, busca un centro en el que impartan clases de yoga especialmente ideadas para niños.

aromaterapia para bebés

La aromaterapia es el arte de utilizar aceites esenciales puros de forma terapéutica. Los bebés pueden disfrutar de sus beneficios a través de masajes o de su difusión, o añadiendo al baño unas gotas de aceite esencial diluido. Este capítulo explica cómo crear momentos felices tanto para ti como para tu bebé sacando el mejor partido de los regalos aromáticos de la naturaleza. Un contacto que redundará en beneficios para ambos.

compartir las esencias naturales

El sentido del olfato de un niño es tan agudo como el de una mujer embarazada o el de una madre lactante, y compartir el placer de las esencias naturales es una forma maravillosa de crear un vínculo con tu bebé. La aromaterapia permite que ambos os beneficiéis de este vínculo aromático de forma apacible y eficaz.

MAGIA AROMÁTICA

Como aromaterapeuta y madre de dos hijos, utilicé la aromaterapia a lo largo de mis embarazos y en mis dos bebés. Mis «pequeños» tienen en la actualidad 19 y 14 años, y los tres continuamos utilizando aceites esenciales a diario. No sé qué habría hecho cuando eran niños sin mi kit básico de aceites esenciales para enfrentarme a los problemas de los bebés, desde las rozaduras ocasionadas por el uso del pañal hasta el crup. Al primer signo de que tuviesen un problema más importante, consultaba a mi médico o a mi farmacéutico; pero la aromaterapia me ayudó a mantener a raya muchos de los pequeños problemas que pueden llegar a ser más graves si se los deja fuera de control.

UN ARTE ANTIGUO

Se han encontrado vestigios de aceites esenciales en cámaras mortuorias egipcias, y representaciones claramente ostensibles de difusión de aceites en murales que se remontan a la Edad de Piedra. La tradición de quemar hierbas y especias para aprovechar sus efectos aromáticos, y a veces hipnóticos, dio lugar al mundo del perfume, que deriva de *per fume*, que significa «por el humo».

Por otra parte, todos conservamos en la memoria recuerdos de nuestras madres o abuelas utilizando la «botica natural» como fuente de ayuda básica en casa: por ejemplo, lavanda para perfumar la ropa, madera de cedro como antipolilla, un diente de ajo para aliviar el dolor de muelas, limón para desinfectar, etcétera.

¿QUÉ TIENEN DE PECULIAR LOS ACEITES ESENCIALES?

La mayoría de los productos para bebé están hechos a partir de aceites minerales que forman una barrera entre la piel y el aire. A menos que la piel esté absolutamente seca y limpia, esto puede causar problemas, como la costra láctea y las rozaduras ocasionadas el pañal.

En cambio, las capas más profundas de la piel absorben sutilmente las mezclas diluidas de aceites esenciales, dejándola respirar mientras se hidrata y se nutre.

Al mismo tiempo, sus propiedades terapéuticas estimulan el bienestar y pueden aliviar las dolencias menores. Al inhalar los aceites esenciales, la zona límbica del cerebro, relacionada con el estado de ánimo y las emociones, queda afectada; esto quiere decir que es posible utilizar el sentido del olfato como una poderosa herramienta a la hora de intentar calmar a un bebé.

LOS FUNDAMENTOS DE LA AROMATERAPIA

Los aceites esenciales siempre tienen que diluirse en un aceite vegetal portador antes de utilizarlos sobre la piel de un bebé; pueden añadirse tan solo dos gotas de aceite esencial a una cucharilla de postre de aceite portador. Los aceites esenciales no se disuelven bien en el agua, así que, antes de utilizarlos en el baño del bebé, dilúyelos añadiendo dos gotas de aceite esencial a una cucharadita de leche entera.

Tendrás que conservar cualquier mezcla que quieras guardar en botellas de cristal marrón, azul o, menos comúnmente, verde, ya que los aceites esenciales son sensibles a la luz y se deteriorarán si se encuentran expuestos a la misma. Cuando no los utilices, deben tener el tapón puesto: si se dejan destapados durante períodos largos de tiempo, las mezclas se alterarán y serán menos eficaces. Estas pueden conservarse durante aproximadamente seis meses, pero lo mejor es hacer pequeñas cantidades y utilizarlas en unas semanas. Por lo general, puedes encontrar aceites esenciales, portadores y botellas de cristal en farmacias y en tiendas naturistas.

Como alternativa, puedes comprar mezclas especialmente preparadas de aromaterapia para bebés. Estas suelen durar más que las hechas en casa porque a menudo incluyen vitamina E, que es un conservante natural, además de ser buena para la piel. Elige una marca que ofrezca claras instrucciones, la lista de ingredientes y un servicio de asesoramiento telefónico.

SIGUE TU INSTINTO

Los aceites esenciales descritos en este capítulo pueden utilizarse desde el nacimiento, a excepción del limón, que tiene una fragancia más fuerte que los demás y que es mejor dejarlo hasta que tu bebé tenga unos meses y haya experimentado una serie de esencias producidas de manera natural. El limón también tiene propiedades un poco astringentes que no son necesarias durante los primeros meses de vida de un bebé.

El limón no hará ningún daño al recién nacido una vez diluido, pero las fragancias que son demasiado fuertes pueden inquietarlo y causarle irritabilidad. Una reacción semejante es contraria a la fuerza natural de la aromaterapia para bebés, que debería encajar de forma natural en la rutina de tu hijo sin causar ningún contratiempo.

Las disoluciones que se ofrecen en las páginas siguientes son tan suaves que no representan ningún peligro; pero, si tienes dudas, espera hasta que creas que es el momento oportuno. El instinto de una madre o un padre es de suma importancia.

EMPEZANDO

Si te inicias ahora en la aromaterapia para bebés, aquí van algunos consejos:
□ Asegúrate de guardar los aceites esenciales fuera del alcance de los niños, tapados, lejos de la luz directa del sol y en condiciones relativamente frescas.
□ Menos es más. Nunca utilices más cantidad para obtener un efecto mayor. No funciona así.
□ Los aceites esenciales son de exclusivo uso externo.
□ Diviértete con tus aceites esenciales, pero respétalos.

el conocimiento de los beneficios del **mirto, de la**

manzanilla y del eneldo se ha transmitido a lo largo de los años

«Siguiendo el consejo de Glenda, utilicé aceites esenciales con mis hijos desde el principio con total confianza. ¡Me gustó tanto, que comencé a estudiar para convertirme en aromaterapeuta!»

GEORGINA, MADRE DE IRVIN Y BARNIE

¿qué aceites son los mejores para los bebés?

Te presentamos aquí algunos de los mejores aceites esenciales que se utilizan en la aromaterapia para bebés. Deberás diluirlos con cuidado a la hora de utilizarlos durante los masajes y el baño. Una vez que hayas aprendido los principios acerca de cómo diluir aceites esenciales, podrás crear tus propias combinaciones.

ACEITES PORTADORES

Para que los aceites esenciales sean seguros a la hora de aplicarlos sobre la piel, o de utilizarlos en el baño, tienen que estar disueltos en aceites portadores. En la aromaterapia para bebés deberían utilizarse aceites vegetales a tal efecto en lugar de aceite infantil, que es de origen mineral y permanece en la superficie de la piel, impidiendo que los aceites esenciales actúen correctamente. Los aceites portadores, ligeros e inodoros, incluyen el de girasol, el de semilla de uva y el de almendras (aunque algunas personas prefieren evitar el de almendras y cualquiera que proceda de frutos secos para evitar el riesgo de alergias).

El aceite de jojoba, que también es portador, tiene una rica consistencia parecida a la cera líquida. Se puede utilizar independientemente para tratar algunos problemas de la piel. Es más común mezclarlo con aceite de girasol, de semilla de uva o de almendras en una proporción del 10 por ciento para hacer un aceite portador un poco más rico.

BENJUÍ

El benjuí es un arbusto del que se extrae la benzoina o resina de benjuí, que es un aceite espeso y viscoso, con una fragancia que recuerda a la vainilla: dulce y medicinal, pero muy sutil al mismo tiempo. Es perfecto para calmar los picores y las irritaciones de la piel.

MANZANILLA

Junto con la lavanda, el aceite esencial de manzanilla es uno de los más utilizados en la aromaterapia para bebés. Es tranquilizante y contiene azuleno, un analgésico natural.

ENELDO

El ligero aroma a anís del eneldo es tranquilizante y particularmente útil para solucionar problemas digestivos. El eneldo es uno de los principales ingredientes activos del «Gripe Water».

LAVANDA

Considerado un aceite «limpiador», la lavanda es antibacteriana y antiviral, lo que la hace muy eficaz a la hora de prevenir los gérmenes. (La palabra «lavanda» procede del latín *lavare*.)

Aunque durante siglos se ha creído que tenía un efecto relajante, la lavanda es en realidad un aceite sinérgico. Esto significa que se adapta a la situación en la que se encuentre. Por ejemplo, si se utiliza lavanda con manzanilla, su efecto es relajante, y resulta más inspirador si se utiliza con limón.

LIMÓN

El aceite esencial de limón es maravilloso para utilizarlo durante el verano cuando hace mucho calor, ya que su efecto es refrescante y estimulante. Tiene una fragancia «alegre», que recuerda a los caramelos. Espera a que tu bebé tenga como mínimo dos o tres meses de edad antes de utilizarlo.

MANDARINA

La mandarina se conoce en Francia como el aceite de los niños. Es el aceite esencial más suave de todos y tiene un efecto «feliz» y «eufórico», sin ser excitante. Puedes preparar a tu bebé por la noche un baño de mandarina sin miedo a despabilarlo.

MIRTO

Incluido tradicionalmente en los ramos de novia porque se considera que da buena suerte, el mirto es de la misma familia que el eucalipto; pero, a diferencia de este, que es estimulante, el mirto es calmante y tranquilizador, y funciona como un suave descongestionante.

NEROLI

Conocido por su capacidad para calmar los nervios, el neroli es otro componente tradicional de los ramos de novia. Aunque no suele utilizarse en la aromaterapia para bebés, su acción suave es perfecta para tranquilizar a los bebés inquietos. El Neroli puede reafirmar en su femineidad a una madre, al mismo tiempo que le permite compartir una experiencia tranquilizadora con su bebé.

ROSA

Parecido al Neroli al ser bastante más sofisticado que la mayoría de los aceites que se utilizan normalmente en la aromaterapia para bebés, el aceite de rosa es un aceite encantador que puede utilizarse cuando apetezca un poquito de lujo.

difusión de aceites esenciales

La difusión de aceites esenciales crea una atmósfera delicadamente perfumada a la vez que permite que los aceites liberen sus vapores terapéuticos. Las sencillas combinaciones de aceites aquí sugeridas pueden hacer que el ambiente de una habitación cambie en un instante. La difusión de aceites esenciales también puede purificar la atmósfera y ayudar a combatir los microbios que pueda haber en el aire.

VAPORIZADORES ELÉCTRICOS

La manera más eficaz de difundir aceites esenciales es con un vaporizador eléctrico. Estos son inofensivos y mantienen los aceites a una temperatura baja, que permite que su aroma vaya liberándose poco a poco en el ambiente. Si no tienes un vaporizador eléctrico, puedes añadir simplemente unas gotitas de aceite esencial en un bol de agua caliente y dejarlo en reposo, o poner unas gotas de aceite en un pañuelo y colocarlo sobre un radiador.

El vaporizador eléctrico puede dejarse encendido durante toda la noche. Son económicos y, como mantienen los aceites a una temperatura baja y constante, la atmósfera relajante y tranquilizadora se mantendrá durante horas.

Si tu habitación es grande, o los aceites esenciales no están cerca de tu bebé, puedes doblar las cantidades que se dan a continuación:

HORA DE ACOSTARSE

Para crear una atmósfera relajada en la habitación de tu bebé que lo induzca a un sueño profundo.

Manzanilla	1 gota
Lavanda	2 gotas

ALIVIAR LA MUCOSIDAD

Para cuando tu bebé tenga la nariz tapada y necesite ayuda para luchar contra los gérmenes.

Lavanda	1 gota
Mirto	2 gotas

MIMOS

Para cuando tu pareja llegue a casa y quieras sentirte adulta y sofisticada después de un día largo y duro.

Neroli	1 gota
Rosa	2 gotas

HORA DE RECREO

Para cuando recibas en casa a otros padres y desees que todo el mundo esté de buen humor.

Limón	1 gota
Mandarina	2 gotas

TRANQUILIZANTE

Para cuando tú o tu pareja sintáis la necesidad imperiosa de compartir una atmósfera acogedora con vuestro bebé.

Benjuí	2 gotas
Rosa	1 gota

la respuesta a una **fragancia** conocida puede llevar a un bebé

a un estado de ánimo receptivo para **dormir o jugar**

hora del baño feliz

Llena por la mitad la bañera de tu bebé con agua caliente y escoge una de las mezclas siguientes para añadirla al agua. Agita esta para asegurar la distribución uniforme de los aceites antes de meter a tu bebé en la bañera.

DILUIR LOS ACEITES

Los aceites esenciales no se disuelven bien en el agua, en especial en el agua templada utilizada para bañar a los bebés. Puedes resolver este problema incorporando los aceites esenciales a una cucharilla de leche entera antes de añadirlos al baño. Tan solo dos gotas de aceite esencial diluido en leche serán suficiente para el baño de un bebé.

MEZCLAS PARA MASAJES

A fin de crear mezclas de aromaterapia para realizar masajes, utiliza cualquiera de las recetas ofrecidas en este capítulo y sustituye la cucharilla de leche por un aceite portador como el de semillas de uva, el de semillas de girasol o el de almendras.

A CUALQUIER HORA

Para los bebés que solo quieren chapotear en el agua, añade los siguientes aceites esenciales a una cucharilla de leche:

Limón	1 gota
Mandarina	1 gota

MOMENTOS DE MAL HUMOR

Para aquellos bebés que estén de mal humor sin ninguna razón aparente, añade los siguientes aceites esenciales a una cucharilla de leche:

Manzanilla	1 gota
Eneldo	1 gota

POR LA MAÑANA

Para aquellos bebés a los que les guste tomar un baño por las mañanas para refrescarse —¡y puede que incluso vuelvan a dormirse después!—, añade los siguientes aceites esenciales a una cucharilla de leche:

Mandarina	1 gota
Neroli	1 gota

DORMILÓN

Para dar a tu bebé una sensación general de bienestar y para estimular un sueño feliz, añade los siguientes aceites esenciales a una cucharilla de leche:

Manzanilla	1 gota
Lavanda	1 gota

DOBLE PLACER

Las mezclas descritas en la página anterior son eficaces tanto si se utilizan en el baño (cuando los aceites se diluyen en leche) como para dar un masaje (cuando se utiliza un aceite portador), pero puedes intensificar el placer elaborando una mezcla de aromaterapia que sirva tanto para el masaje como para el baño de tu bebé. La asociación entre aromas fragantes y una experiencia agradable harán que la hora del baño sea una delicia para los dos.

Después de secar a tu bebé con una toalla caliente y esponjosa dándole golpecitos, pasa un rato masajeándolo con una mezcla de aromaterapia compuesta por los mismos aceites esenciales que hayas utilizado en el baño. Masajea los pies de tu bebé, las manos, la espalda o la zona abdominal. No es necesario que le des un masaje por todo el cuerpo; presta especial atención a aquellas partes que puedan beneficiarse de una mayor hidratación o a las zonas en las que tu bebé prefiera que le den un masaje.

Recuerda que el masaje tiene un efecto estimulante, así que no se lo des a tu bebé justo antes de que deba irse a dormir. Si se desea más información acerca del masaje para bebés, véanse las páginas 22-51.

≪Hacia el final de la tarde Daniel siempre parecía tener momentos en los que estaba de muy mal humor. Descubrí que dándole un baño hacia esa hora, con una o dos gotas de manzanilla y eneldo, conseguía un efecto sorprendentemente relajante.≫

CAROLINE, MADRE DE DANIEL

perfumar, curar y calmar

Dejando aparte sus efectos sobre el estado de ánimo y el ambiente, las mezclas de aromaterapia desempeñan un papel importante en diferentes aspectos de la vida cotidiana, que os afectan a ti y a tu bebé. Aquí presentamos algunas ideas alternativas.

ACLARAR LA ROPA

Si lavas a mano la ropa de tu bebé, añade una o dos gotas de aceites esenciales al aclarado final para aportar un suave y persistente aroma. Prueba alguna de las mezclas siguientes.

Lavanda	1 gota
Mandarina	1 gota
o	
Lavanda	1 gota
Rosa	1 gota

ACABAR CON LOS PIOJOS

Muchos niños en edad escolar tienen piojos o liendres, por lo que cualquier bebé en contacto con niños mayores es susceptible de cogerlos. Esto es difícil de tratar si tu pequeño tiene mucho pelo. No es muy apropiado utilizar productos químicos —antipiojos— en un bebé pequeñito. Pero los aceites esenciales son una barrera excelente para los piojos, y cuando se diluyen correctamente, resultan mucho más suaves que los preparados comerciales.

Prepara la mezcla de abajo y frota cuidadosamente con ella el cuero cabelludo de tu bebé después del baño. No tienes que enjuagársela después. Puedes guardar lo que te sobre en una botella hermética y volver a utilizar la mezcla un par de días más tarde. (Algunas personas prefieren no utilizar aceite de almendras, ni cualquier otro aceite derivado de frutos secos para evitar alergias.)

Además de prevenir los piojos, puedes utilizar esta mezcla junto con un peine antiliendres para eliminarlas. También sirve para niños mayores; si la infestación es grande, utiliza el doble de cantidad de aceite con niños mayores de dos años.

Aceite de almendras o de semillas de uva	1 cucharilla de postre
Manzanilla o mirto	1 gota
Lavanda	1 gota

COSTRA LÁCTEA

Prepara una botella pequeña de la siguiente mezcla y aplica cada día un poquito de la misma en el cuero cabelludo de tu bebé para contrarrestar las placas de piel amarillentas y escamosas de la costra láctea. No tienes que enjuagarla después.

Jojoba	1 cucharilla de postre
Benjuí	1 gota
Lavanda	1 gota

ESTREÑIMIENTO

Puede que los bebés comiencen a estar estreñidos cuando empiecen a tomar leche de botella, o coman los primeros alimentos sólidos. Utiliza la siguiente mezcla para masajear la zona abdominal de tu hijo. También puedes utilizarla en los bebés con cólicos. (Recuerda que los aceites obtenidos a partir de frutos secos pueden provocar alergias.)

Masajea suavemente, siguiendo un movimiento circular en la dirección de las manecillas del reloj, luego una o dos veces en la dirección inversa, y unas cuantas veces más en la dirección de las manecillas del reloj.

Aceite de almendras o de semillas de uva	1 cucharilla de postre
Eneldo	1 gota
Mandarina	1 gota

ROZADURAS OCASIONADAS POR EL USO DEL PAÑAL

La utilización del aceite de jojoba es una de las formas más eficaces, tanto para prevenir como para tratar las rozaduras causadas por los pañales. Hidrata y nutre la delicada piel del bebé a la vez que la deja respirar. La incorporación de aceites esenciales mejora la acción de la jojoba.

Jojoba	1 cucharilla de postre
Manzanilla o lavanda	1 gota

remedios para los problemas más comunes durante la infancia

Este cuadro te muestra a simple vista qué aceites esenciales son útiles para el tratamiento de los problemas más comunes en los bebés, e indica qué métodos de aplicación son los adecuados en cada caso. No olvides que los aceites esenciales siempre tienen que diluirse antes de entrar en contacto con la piel del niño. Las instrucciones acerca de las disoluciones se dan en las páginas 90 y 92.

problema	aceites esenciales a utilizar	métodos de aplicación
alergias	manzanilla	baño, difusión, masaje
ansiedad	benjuí, manzanilla, lavanda, mandarina, neroli, rosa	baño, difusión, masaje
eczema	benjuí, manzanilla, lavanda	baño, masaje
cólico	manzanilla, eneldo, mandarina	masaje
costra láctea	benjuí, manzanilla, lavanda	masaje
estreñimiento	manzanilla, eneldo, mandarina	masaje
constipado	mirto	difusión, masaje
crup	benjuí, mirto	baño, difusión, masaje

problema	aceites esenciales a utilizar	métodos de aplicación
dermatitis	*benjuí, manzanilla, lavanda, rosa*	*baño, masaje*
diarrea	*manzanilla, eneldo, lavanda*	*baño, difusión*
eccema	*benjuí, manzanilla, lavanda, neroli, rosa*	*baño, masaje*
trastornos alimentarios	*manzanilla, eneldo, lavanda*	*difusión, masaje*
malhumor	*benjuí, manzanilla, lavanda, mandarina, neroli, rosa*	*baño, difusión, masaje*
piojos/liendres	*manzanilla, lavanda, mirto, rosa*	*baño, masaje*
sarpullido	*manzanilla, lavanda*	*baño, no caliente*
sarpullido causado por el uso del pañal	*benjuí, manzanilla, lavanda*	*baño, masaje*
vómitos	*manzanilla, eneldo, lavanda, mandarina*	*baño, difusión, masaje*
insomnio	*manzanilla, lavanda*	*baño, difusión, masaje*
picaduras y mordiscos	*lavanda*	*baño, masaje; si la picadura o la mordedura es grave, puede utilizarse una gotita de lavanda pura*
cansancio	*mandarina*	*baño, difusión*

la respuesta a tus preguntas

El concepto de aromaterapia para bebés suele provocar decenas de preguntas. Muchas de ellas ya se han atendido a lo largo del capítulo, pero presentamos aquí las respuestas a algunas más que suelen plantearse.

¿CUÁNDO UN BEBÉ ES LO SUFICIENTEMENTE GRANDE PARA APLICARLE AROMATERAPIA?

Los bebés recién nacidos tienen pocas necesidades aparte de amor, calor y alimentación. Sin embargo, se anima a los padres primerizos a utilizar productos comerciales para la piel casi desde el nacimiento.

La aromaterapia, utilizada de la forma descrita en este capítulo, resulta mucho más suave y menos agresiva para el niño que cualquier producto disponible en los comercios. Así pues, teniendo esto en cuenta, la aromaterapia para bebés puede administrarse poco después del nacimiento, con tal de que se haga con cuidado.

¿ES ALGÚN MOMENTO DEL DÍA MEJOR QUE OTRO PARA BENEFICIARSE DE LA AROMATERAPIA?

El momento del día en el que prefieras emplear la aromaterapia depende totalmente de ti y de tu bebé. No intentes forzar la situación. Si en un principio a tu pequeño no le gusta la aromaterapia, obviala durante algún tiempo y vuelve a intentarlo en otra ocasión.

Es importante que tanto tú como tu bebé disfrutéis de la experiencia, así que confía en tu instinto y lo más probable es que descubras que tu hijo siga tu ejemplo. Puede que ambos desarrolléis unas preferencias aromáticas específicas en ciertos momentos del día.

¿TENGO QUE COMBINAR LA AROMATERAPIA CON EL MASAJE O CON EL YOGA PARA BEBÉS?

Es una idea excelente combinar la aromaterapia con el masaje o con el yoga para bebés. Utilizar una mezcla de aromaterapia para el masaje de tu bebé puede incrementar los beneficios del mismo.

Por otra parte, y como beneficio conplementario, has de saber que la difusión de aceites esenciales durante una sesión de yoga o de gimnasia para bebés puede potenciar la efectividad de los movimientos.

¿EXISTE ALGÚN PELIGRO DE REACCIÓN ALÉRGICA A UN ACEITE ESENCIAL?

Siempre y cuando sigas las instrucciones esbozadas en este capítulo, no hay mayor probabilidad de que tu bebé desarrolle una reacción alérgica a un aceite esencial que a cualquier otro producto para bebés.

Eso sí, evita por completo los aceites obtenidos de los frutos secos si te preocupa que tu pequeño pueda sufrir una reacción alérgica a los mismos.

¿LA AROMATERAPIA PUEDE TENER ALGÚN EFECTO SECUNDARIO MIENTRAS DOY EL PECHO?

Las madres deben proceder con cuidado a la hora de elegir los aceites esenciales mientras estén dando el pecho, ya que algunos aceites tienen contraindicaciones tanto de aplicación directa como de proximidad. Por tanto, mejor evítalos.

Sin embargo, ninguno de los aceites esenciales incluidos en este capítulo debería representar ningún problema —y lo mismo puede decirse de bastantes otros—; en cualquier caso merece la pena seguir los consejos de un aromaterapeuta antes de utilizar algún aceite esencial de los que no se mencionan aquí.

¿LA AROMATERAPIA PUEDE SOLUCIONAR PROBLEMAS DE ALIMENTACIÓN?

Cuando los trastornos de alimentación provengan de la ansiedad, ya sea por parte de la madre o del bebé, la aromaterapia puede ser muy útil para solucionar el problema. (Por supuesto, puede que exista también otra razón más compleja por la cual la alimentación de tu hijo no vaya como es debido, en cuyo caso deberías consultarlo con su médico.)

Lo más eficaz sería crear una atmósfera tranquila difundiendo una mezcla de aceites en la habitación de tu bebé. Una combinación conveniente incluiría la mezcla calmante descrita en la página 90 y la mezcla para los momentos de mal humor descrita en la página 92; esta última contiene eneldo, que puede estimular el apetito.

¿QUÉ PUEDE PASAR SI UTILIZO UN ACEITE ESENCIAL NO RECOMENDADO PARA BEBÉS?
El uso prolongado de un aceite inadecuado podría hacer que el bebé se sintiese incómodo y potencialmente enfermo, incluso. Sin embargo, un solo error no debe ser causa de alarma.

¿QUÉ PASA SI UTILIZO UNA MEZCLA DEMASIADO FUERTE PARA MI BEBÉ?
Dependiendo de lo fuerte que sea la mezcla, esta tendrá en él un efecto cada vez más irritante y puede que llegue a provocar vómitos y diarrea a tu hijo.

Si notas que has expuesto a tu bebé a una mezcla demasiado fuerte, báñalo inmediatamente en agua fría para quitar de su piel cualquier exceso y déjale que beba mucha agua o leche.

En cualquier caso, no tienes que preocuparte, siempre y cuando no continúes utilizando esa mezcla u otra que sea demasiado fuerte para tu pequeño.

¿QUÉ TENGO QUE HACER SI ALGÚN ACEITE ESENCIAL PURO ENTRA EN CONTACTO CON LA PIEL DE MI BEBÉ?
Te recomiendo que retires el aceite con cuidado lavando la zona expuesta con abundante agua fría.

En circunstancias normales, los aceites esenciales puros no deben utilizarse nunca sobre la piel del bebé; pero un bebé al que le haya picado una avispa o que haya sufrido una pequeña quemadura puede beneficiarse de una gota de aceite esencial puro de lavanda aplicado sobre la zona afectada.

¿DURANTE CUÁNTO TIEMPO PUEDE CONSERVARSE UNA MEZCLA HECHA EN CASA?
Durará varios meses siempre y cuando guardes cualquier mezcla que hayas preparado en una botella tapada, y la conserves en un ambiente fresco y a resguardo de la luz del sol.

¿ES ÚTIL LA AROMATERAPIA EN BEBÉS MAYORES Y EN NIÑOS PEQUEÑOS?
Los bebés mayores, y en especial los niños que comienzan a andar, sienten curiosidad por los perfumes y suelen ser muy receptivos a la aromaterapia, así que esta puede resultar muy eficaz para calmar las rabietas de los niños, o si se utiliza como primeros auxilios básicos.

Los niños quedarán fascinados por la conexión entre situaciones y fragancias, y probablemente seguirán disfrutando de la aromaterapia cuando sean más mayores. (Con todo, es imprescindible que tengas mucho cuidado y mantengas los aceites esenciales fuera del alcance de los niños, ya que puede que su curiosidad convierta esos aceites en una tentación demasiado irresistible.)

¿QUÉ TENGO QUE HACER SI UN NIÑO PEQUEÑO BEBE ACEITE ESENCIAL?
Haz que el niño ingiera de inmediato mucha agua o leche, y ponte en contacto con su médico indicándole exactamente qué ha bebido.

otras suaves terapias alternativas

A la mayoría de los bebés les encanta estar en el agua. El baño, quizá combinado con la aromaterapia, puede tranquilizarlos cuando sea necesrio, y te ofrece la oportunidad de jugar. La reflexología, la homeopatía, los remedios de flores de Bach y la osteopatía craneal ofrecen formas seguras y cariñosas de hacer que los primeros meses de tu bebé sean más fáciles, y te ayudarán a afrontar los pequeños problemas que tal vez surjan.

una afinidad natural con el agua

Los bebés están inmersos en líquido mientras crecen en el útero y, al parecer, tienen una afinidad natural con el agua una vez que salen al mundo. Saca el mejor partido de ello: te ofrece maravillosas oportunidades de placer, físico y mental, y de estrechar el vínculo con tu bebé.

NOTA DE ADVERTENCIA

Recuerda siempre extremar las precauciones cuando tu hijo esté cerca del agua. Nunca se tiene que dejar a un bebé solo en el agua, ni siquiera durante unos segundos.

Los bebés y los niños pequeños pueden ahogarse en solo unos pocos centímetros de agua; esto incluye bañeras, cubos, estanques, acequias e incluso charcos.

PARTOS EN EL AGUA

La afinidad con el agua de los bebés comienza en el útero, donde están constantemente bañados por el protector líquido amniótico, y continua cuando emergen al mundo.

Muchas mujeres que están a punto de dar a luz tienen el sentimiento instintivo de que pueden facilitar el proceso del parto si se sumergen en agua. Los partos en el agua también tienen potenciales ventajas para los bebés, como por ejemplo partos más cortos, menos medicamentos y otras intervenciones, y reducen el trauma del nacimiento. Las madres que dan a luz en el agua suelen estar más relajadas que las que no lo hacen, por lo que transmiten al bebé menos hormonas del estrés.

Un parto en el agua suele generar una atmósfera relajada y solidaria. También da al padre la oportunidad de desempeñar un papel activo, y la experiencia puede estrechar los vínculos familiares.

EL BAÑO

Incluso los bebés más pequeños suelen disfrutar del agua. Un baño puede ser relajante o excitante, dependiendo del momento del día. El agua amortigua el peso del bebé y le ofrece distintas sensaciones y experiencias; además, estimula a tu hijo a jugar en el agua, lo que puede contribuir al desarrollo de la coordinación entre las manos y los ojos, y de la capacidad motriz del bebé.

Recuerda que se ha de sujetar en todo momento la cabeza de los recién nacidos. Prueba siempre la temperatura del agua antes de meter a tu hijo, para asegurarte de que no esté demasiado caliente.

A muchos bebés les gusta que les den un masaje a la hora del baño, y una de las formas más eficaces de aplicar la aromaterapia en los bebés es añadiendo unas gotas de aceites esenciales al agua. Un baño de aromaterapia puede ser muy útil como parte del ritual de antes de ir a dormir, toda vez que por lo general un bebé suele estar relajado y adormilado después de un baño; pero recuerda que el masaje es estimulante, así que evita masajear a tu bebé por lo menos media hora antes de que deba irse a dormir. Para más información acerca de los masajes para bebés, véanse las páginas 24-51; para más información sobre la aromaterapia para bebés, véanse las páginas 86-99.

Los juegos durante el baño son una manera excelente de que los padres establezcan una relación cercana con sus bebés y de experimentar los primeros juegos. Prueba a salpicar agua con cuidado y deja que tu bebé sienta las

el agua caliente ofrece un ambiente **seguro y suave** que puede

hacer que los bebés recuerden su etapa **en el útero**

«Caro nunca estaba tan feliz como cuando se hallaba bajo el agua. Creo que le hacía sentirse libre y seguro.»

PENELOPE, MADRE DE CARO

texturas de las burbujas, del jabón y de las esponjas. A los bebés un poco mayores les encantan los juguetes para el agua. No tienes que comprar artilugios caros: además de pequeños juguetes de plástico, como patitos y barcos, prueba con vasos y jarras de plástico para que los llenen y vacíen, e intenta que se diviertan con objetos tan normales como un colador, un embudo o con botellas que ellos puedan manipular o apretar sin riesgo alguno.

NADAR

Si a tu pequeño le encanta estar en el agua, tal vez quieras apuntarte a un curso de natación para bebés en una piscina o en un centro recreativo próximo a tu casa. Aunque los bebés todavía no serán capaces de nadar en la superficie —los niños no desarrollan la fuerza y la habilidad para ello hasta alrededor de los tres años de edad—, están capacitados para nadar distancias cortas bajo el agua. Esto es así porque los bebés tienen un reflejo que los incita a aguantar la respiración bajo el agua.

La experiencia de nadar puede ser muy inspiradora para los bebés, pues les ofrece un grado de movimiento y control sobre su cuerpo que todavía no les resulta posible en tierra.

Las clases de natación son especialmente útiles para niños con problemas de desarrollo, como síndrome de Down o parálisis cerebral. También son un ejercicio maravilloso y pueden contribuir en buena medida a que tu bebé adquiera confianza en sí mismo y coordinación. Así mimos, tu hijo irá sintiéndose cada vez más seguro en el agua, lo que dará su fruto en años venideros.

Hay clases para bebés de tan solo unos días. No tienes por qué saber nadar: sencillamente puedes sujetar a tu bebé mientras estás de pie dentro del agua. Si la piscina más próxima a tu casa no ofrece clases de natación para bebés, tal vez encuentres un centro que imparta cursos apropiados cerca de tu domicilio si navegas un rato por internet hasta dar con la página adecuada. Eso sí, evita las clases durante los días posteriores a la vacunación.

«La osteopatía craneal consiste en un roce increíblemente ligero. La mujer que vio a Josh me contó que la presión ejercida es, normalmente, menor de cinco gramos: aproximadamente el peso de una moneda de veinte céntimos.»

FENELLA, MADRE DE JOSH

osteopatía craneal

La osteopatía craneal consiste en una suave manipulación de los huesos del cráneo para liberar la tensión y aliviar diversas dolencias. Puede ser especialmente útil en los bebés, para ayudar a corregir cualquier problema crónico relacionado con el parto.

¿CUÁNDO ES NECESARIA?

La osteopatía craneal es una clase especializada de osteopatía, un sistema de manipulación del esqueleto ideada para detectar y corregir desequilibrios menores y estimular un funcionamiento mecánico óptimo. Los especialistas en osteopatía craneal aplican estos principios en el cráneo o, en la terapia craneosacral, desde el cráneo y la columna vertebral hasta el hueso sacro o coxis.

Durante el parto, se ejerce una fuerza enorme sobre la cabeza del bebé, ya que se le empuja y aprieta a través del canal óseo de la madre. Los huesos del cráneo, aún en vías de desarrollo, se moldean durante este paso por el canal del parto. Si el alumbramiento es demasiado rápido, puede que no haya suficiente tiempo para que se dé un moldeado correcto de la cabeza. Esto también puede ocurrir en un parto por cesárea, donde de repente se extrae al bebé del útero.

Por otra parte, un parto prolongado o difícil aumenta el estrés en el bebé y la presión en la cabeza, especialmente si se tienen que utilizar los fórceps o las ventosas. Estos instrumentos pueden aplastar, estirar o magullar la delicada cabeza del niño, provocándole deformaciones aún mayores.

Puede que estas fuerzas hagan que sea todavía más difícil que se reacomoden los huesos del bebé de manera natural después del parto, y más duro para el cuerpo autocorregir cualquier pequeño defecto. Cualquier tensión restante o irritante estresa el sistema nervioso, lo que puede ocasionar toda una serie de problemas a largo plazo en un niño.

La osteopatía craneal puede ser beneficiosa a cualquier edad. Sin embargo, las consecuencias del trauma del parto se corrigen con mayor facilidad durante la infancia, antes de que se fusionen las láminas de hueso que forman el cráneo.

¿CUÁLES SON LOS BENEFICIOS?

Los profesionales sostienen que, puesto que corrige los sutiles desequilibrios, la osteopatía craneal es especialmente útil a la hora de superar los resultados de los partos difíciles, en especial en aquellos bebés que presenten comportamientos como un llanto constante, irritabilidad, nerviosismo, problemas para dormir o trastornos en la alimentación.

También puede ayudar a evitar posteriores inclinaciones a padecer asma o constantes infecciones de oído o sinusitis. Asimismo, puede aliviar algunos de los problemas asociados con estados como el síndrome de Down y la parálisis cerebral.

La osteopatía craneal también puede tener un efecto beneficioso en muchas dolencias típicas de la primera infancia, desde cólicos o problemas respiratorios hasta dificultades de aprendizaje o de comportamiento. Por ejemplo:

□ Puede que un bebé irritable, que llore o grite mucho, esté incómodo a causa de la sensación de presión constante en la cabeza debida a deformaciones del cráneo después del parto.

□ Las dificultades con la lactancia pueden estar causadas por una tensión mecánica alrededor de la cara y de la garganta, o por una irritación nerviosa que afecte a la lengua y a la garganta y que interfiera con el mecanismo de succión.

□ Quizá un bebé que duerma mal y se despierte con facilidad varias veces esté aquejado de tensión dentro del cráneo, hecho que comporta que el sistema nervioso se encuentre en un estado de alerta continuo.

□ Los cólicos del bebé, los gases excesivos o las regurgitaciones pueden deberse a la irritación de los nervios que pasan por el estómago y por el diafragma, lo que provoca en el niño pequeño una mala digestión de los alimento ingeridos.

¿QUÉ SUCEDE DURANTE UNA CONSULTA?

Los osteópatas craneales comienzan palpando el cráneo en busca de algunas restricciones, de patrones de tensión o de presión en aumento. Luego utilizan una combinación de masaje y de suave manipulación para corregir los desequilibrios. Los pacientes permanecen completamente vestidos durante la sesión, aunque se quitan los zapatos.

Por lo general, los bebés reaccionan bien a la osteopatía craneal, y como el tratamiento es tan suave, no tiene efectos secundarios.

Puede que algunos bebés se vuelvan más inquietos durante un tiempo, lo que acostumbra corregirse al cabo de uno o dos días. No obstante, lo habitual es que se vuelvan más tranquilos inmediatamente después de un tratamiento, y es probable que enseguida duerman más profundamente.

Para corregir desequilibrios más profundos, es posible que no baste con una o dos sesiones y sean necesarias varias visitas al osteópata craneal.

ESCOGER UN MÉDICO

Si crees que tu bebé puede beneficiarse de la osteopatía craneal, te recomiendo que acudas a un terapeuta profesional.

Consulta a la Asociación Española de Terapia Craneosacral Biodinámica, cuya página web es: www.asociacioncraneosacral.com (véase p. 124).

muchos de las **efectos secundarios del parto** son difíciles

de distinguir del comportamiento normal del bebé;

solo probando la **osteopatía craneal** podrás saber si **ayuda** a tu hijo

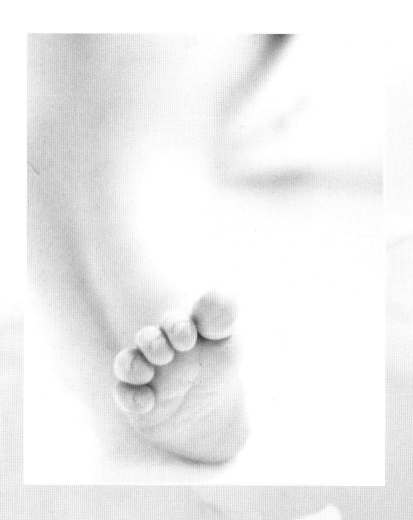

la presión en las diferentes «**áreas reflejas**» del pie estimula

las **terminaciones nerviosas** y la **relajación**…, y es una forma

maravillosa de demostrar **tu amor**

reflexología para bebés

Como la mayoría de los padres, quizá te hayas asombrado con los diminutos pies de tu bebé. La reflexología podal puede ser un factor clave para días más tranquilos y noches más descansadas.

CÓMO FUNCIONA LA REFLEXOLOGÍA

La reflexología es un método de masaje del pie basado en la creencia de que partes del cuerpo están reflejadas en la planta del pie. La presión en esas diferentes «áreas reflejas» estimula las terminaciones nerviosas y la relajación.

Aunque no trate enfermedades, se cree que la reflexología mejora el flujo de energía, equilibra el funcionamiento del cuerpo y facilita la curación en la parte del cuerpo correspondiente. El masaje del pie también estimula tanto la circulación y la excreción, como la vitalidad.

Los bebés y los niños responden muy bien —y muy rápidamente— a la reflexología. Como el masaje corporal, es una forma maravillosa de comunicarte y de mostrar amor a tu bebé, y también es tranquilizador. ¡Y muy divertido de hacer!

Conforme tu hijo crezca, tal vez puedas utilizar la reflexología para aliviar cualquier acumulación de estrés o de tensión; aunque para algunos niños pequeños, es simplemente imposible permanecer sentados y quietos durante el suficiente tiempo. ¡Puede que otros quieran darte a ti un masaje a cambio!

¿CÓMO TENGO QUE UTILIZAR LA REFLEXOLOGÍA EN UN BEBÉ?

La respuesta es: muy, muy suavemente. La reflexología en adultos y en niños mayores de cinco años requiere de una presión razonablemente firme; pero cuando masajeas los pies de un bebé o de un niño pequeño, necesitas un «masaje pluma». No puedes hacer ningún daño a tu bebé.

Algunos bebés encuentran extraña la sensación de que les masajeen los pies: si retiran sus pies o parecen incómodos, para y vuelve a intentarlo en otra ocasión.

Tal vez te encuentres con que tu hijo defeque inmediatamente después de una sesión de reflexología: esto demuestra que ha funcionado a la hora de estimular la eliminación.

INSTRUCCIONES

He aquí algunas instrucciones acerca de la reflexología para bebés:

☐ Haz que el ambiente sea cálido y acogedor.

☐ Si quieres, pon música de relajación de fondo.

☐ Imagina la planta del pie dividida en cinco franjas verticales. Comienza por la parte exterior y acaricia desde el talón hasta el dedo, luego pasa a la siguiente y trabaja con cada una de ellas por turnos.

☐ Utiliza un suave rozamiento del pulgar, o solo la punta del dedo hasta que tu bebé tenga unas semanas de vida.

☐ Da ligeras caricias, subiendo siempre por el pie y trabajando poco a poco desde el talón hasta el dedo.

☐ El mejor método es el breve y frecuente: puedes masajear todo el pie en un par de minutos.

☐ Trabaja cada pie por turnos.

¿CUÁLES SON LAS ENFERMEDADES EN LAS QUE PUEDE AYUDAR LA REFLEXOLOGÍA?

Los padres cuentan que, además de tener un efecto tranquilizador, la reflexología ayuda a los bebés a recuperarse de un parto difícil. Algunos también han detectado que puede aliviar la tendencia a la hiperactividad. Por otro lado, se afirma que utilizar la reflexología en determinadas zonas de los pies ayuda al cuerpo a superar varias dolencias menores, como se describe en el capítulo «Sano y tranquilo» (véanse pp. 114-23).

Si tu bebé tiene tendencia a padecer enfermedades comunes, tal vez quieras consultar a un reflexólogo profesional, aunque unas pocas y ligeras sesiones de reflexología en casa, a modo de prueba, no le harán ningún daño.

Recuerda que es mejor acudir al médico para el tratamiento de cualquier enfermedad, excepto las más triviales, o si los sencillos tratamientos caseros no ayudan en unos días.

homeopatía para bebés

A partir del principio «lo semejante cura lo semejante», los remedios homeopáticos son preparados de sustancias muy poco concentrados que causarían síntomas parecidos si se administrara la dosis completa.

CURACIÓN SEGURA

La homeopatía ofrece una curación suave y segura de las enfermedades menores de los bebés. Los remedios están tan diluidos, que no tienen efectos secundarios ni interactúan con los medicamentos tradicionales, por lo que puedes combinar la homeopatía con un tratamiento convencional, aunque sin dejar de informar previamente a tu médico.

A diferencia de los medicamentos convencionales, los remedios homeopáticos se escogen de acuerdo no solo con los síntomas, sino también con las características físicas y emocionales del paciente. Algunos remedios se utilizan con mucha frecuencia y pueden adquirirse en farmacias y en tiendas naturistas. De todos modos, acude a un especialista para obtener mayores beneficios, o si el tratamiento en casa no está ayudando.

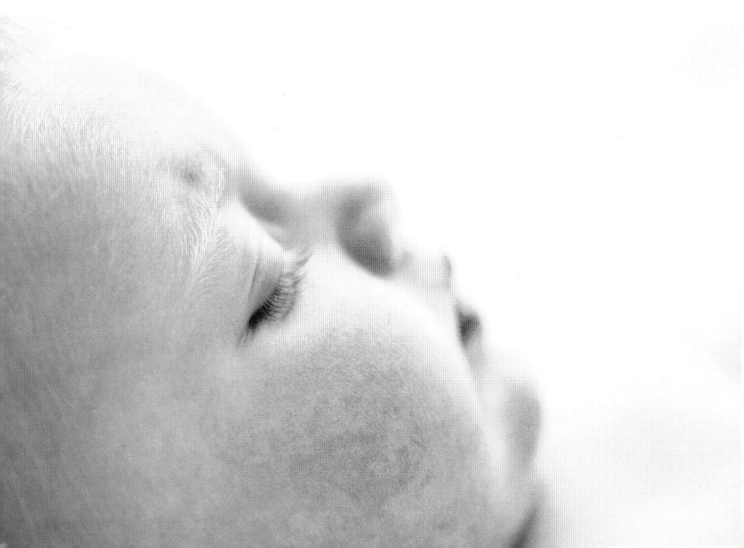

¿EN QUÉ ENFERMEDADES PUEDE AYUDAR LA HOMEOPATÍA?

Muchas mujeres utilizan remedios homeopáticos en el embarazo para tener una salud óptima antes del parto y para tratar síntomas como el ardor de estómago, sin exponer al feto a los efectos secundarios de los medicamentos.

Después del parto, los bebés también tienen que hacer frente a importantes cambios corporales, así como a una variedad de nuevas sensaciones y experiencias. Los remedios homeopáticos pueden reducir el trauma o el estrés, ayudar a tranquilizar a un bebé irritable y aliviar los efectos de las alergias. Se utilizan para tratar el dolor de oídos, los eccemas y dolencias menores como la tos y los resfriados, así como problemas digestivos, del sueño y de la alimentación.

Algunos remedios específicos se sugieren en el capítulo «Sano y tranquilo» (véanse pp. 114-123).

UTILIZAR LOS REMEDIOS HOMEOPÁTICOS

La mayoría de los remedios homeopáticos se presentan en pequeños comprimidos o píldoras. Se cree que la potencia de un remedio aumenta cada vez que se diluye: por lo que la potencia de 30 ch, que se ha diluido más, es más fuerte que la de 6 ch (ch simboliza una gota de producto por cada 100 gotas de agua).

□ Comienza con potencia de 6 ch.
□ Si utilizas comprimidos, cháfalos en una cucharilla limpia y coloca el polvo bajo la lengua del bebé para que se disuelva.
□ Si estás dando el pecho, puedes tomar tú misma el remedio (de 6 ch de potencia) en lugar de dárselo a tu bebé.
□ Dale una dosis tres veces al día durante un máximo de tres días si los síntomas no han mejorado antes.
□ Evita dar de mamar durante los 30 minutos anteriores o posteriores a una dosis.
□ Guarda los remedios en un lugar fresco y oscuro.

¿CÓMO SABER CUÁNDO BUSCAR AYUDA?

Busca siempre consejo médico para todas los problemas de salud de tu bebé, excepto para los de menor importancia, en especial si implican un cambio en el comportamiento o en la conciencia, o problemas de alimentación o de respiración.

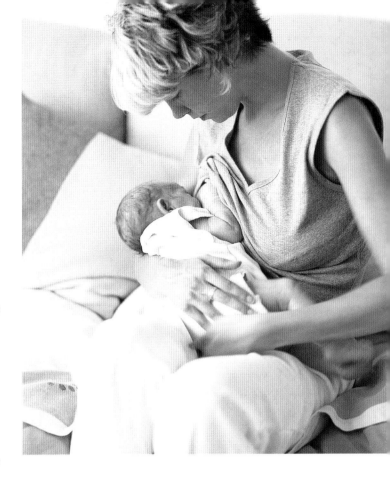

Es normal que los síntomas se agudicen, antes de que se produzca una mejoría, después de utilizar un remedio homeopático: esto muestra que el cuerpo está respondiendo al remedio y preparándose para curarse. Pero si los síntomas menores aumentan hasta un nivel preocupante, o si no hay mejoría después de tres días, deja de utilizar el remedio y consúltalo con un médico.

BENEFICIOS DURANTE LOS PRIMEROS DÍAS

Durante los primeros días y semanas después del parto, tu bebé puede beneficiarse de los siguientes remedios:
□ Para ayudarlo a recuperarse de la intensa experiencia del parto: acónito.
□ Para las magulladuras por un parto prolongado o difícil, en especial si este ha sido con fórceps: árnica.
□ Para curar un ombligo inflamado: sílice.
□ Para tranquilizar a un bebé irritable al que no le guste que lo cojan: brionia.
□ Para tranquilizar a un bebé llorón con tendencia a resoplar y que no duerma bien por las noches: merc. sol.
□ Para un bebé cansado y sensible que suela tener mucha mocosidad: pulsatila.

remedios de flores de bach

Los 38 remedios de flores de Bach llevan el nombre de Edward Bach, un doctor en medicina y homeópata que ejercía a principios del siglo xx; este creía que el desequilibrio emocional era la causa de muchas enfermedades físicas, y que las vibraciones curativas de ciertas flores y otras plantas podían restaurar el equilibrio de energía y la armonía.

¿QUÉ SON LOS REMEDIOS DE FLORES DE BACH?

Estos remedios son esencias líquidas derivadas de plantas. Se preparan manteniendo a flote o hirviendo partes de la planta en agua dulce, y conservándolas más tarde en alcohol, en una mezcla al cincuenta por ciento (normalmente brandy). Estas «tinturas madre» se diluyen posteriormente en alcohol antes de embotellarlo. Se venden en tiendas naturistas y están concebidas para ser utilizadas en casa. De todos modos, puede que desees consultar a un especialista para los problemas más complejos. Los remedios no están pensados para tratar problemas médicos serios. Si los sencillos tratamientos caseros no funcionan, o sientes preocupación por tu bebé, acude rápidamente al médico.

CÓMO UTILIZAR LOS REMEDIOS

□ Diluir siguiendo las instrucciones: por lo general, 2 o 3 gotas en 20 o 30 ml de agua.
□ Si es necesario, puedes utilizar hasta seis remedios a la vez, añadidos todos en la misma proporción de agua.
□ Coloca los remedios diluidos directamente sobre la lengua o en los labios, muñecas o detrás de las orejas. Una vez que destetes al bebé, puedes añadir los remedios florales de Bach en la comida o en la bebida.
□ Consume hasta 4 gotas del remedio diluido cuatro veces al día. Puede que tengas que hacerlo durante cuatro días para un problema a corto plazo, o diez días si se trata de una cuestión emocional.
□ Puedes conservar los remedios durante meses en un lugar fresco y oscuro. Las soluciones diluidas deben guardarse a lo sumo durante dos semanas.

REMEDIO DE RESCATE

Tal vez la preparación más conocida de este tipo sea el remedio de rescate, que en realidad es una combinación de cinco remedios florales: cerasífera (para la incapacidad para hacer frente a algo), clemátide (para la falta de atención), impaciencia (para la irritación y la impaciencia), heliantemo (para el miedo) y estrella de Belén (para los que sufran los efectos secundarios de una conmoción).

Los especialistas recomiendan el remedio de rescate para cualquier situación traumática, ya sea física o psicológica, incluidas las secuelas de un parto difícil (tanto de la madre como del bebé). Puede que lo encuentres eficaz para calmar a un niño mayor después de una rabieta o de algún accidente. El remedio de rescate en crema incluye los cinco ingredientes anteriormente citados, además del manzano silvestre (para una limpieza física y psicológica).

En una emergencia, puede tomarse el remedio de rescate directamente de la botella. En caso contrario, da a tu hijo 4 gotas diluidas en agua, para beber a intervalos, o aplícaselo sobre la piel.

¿EN QUÉ ENFERMEDADES PUEDEN AYUDAR LOS REMEDIOS FLORALES?

Cada uno de los 38 remedios florales se ocupa de un determinado estado mental. Algunos de los que son especialmente útiles en los bebés se indican a continuación. Otros remedios específicos para tratar enfermedades infantiles más comunes se sugieren en el capítulo «Sano y tranquilo» (véanse pp. 114-123).
□ Para bebés asustadizos o tímidos: mímulos.
□ Para bebés impacientes o irritables: impaciencia, remedio de rescate
□ Para bebés que necesiten una atención continua: achicoria.
□ Para bebés que siempre estén activos y a los que les cueste tranquilizarse: verbena
□ Para bebés frustrados que parecen gritar con rabia: cerasífera, remedio de rescate.

como en la homeopatía, **los remedios florales** se escogen

de acuerdo con la personalidad y el **estado emocional**

de la persona, además de para tratar **síntomas específicos**

Los padres primerizos reciben una gran cantidad de consejos acerca del sueño. ¿Qué tipo de rutina es mejor seguir por las noches? ¿El bebe tiene que dormir con vosotros en la cama, en una cuna en vuestra habitación o solo en otra habitación? ¿Debéis dejar que el bebé llore, o no? No importa lo que decidáis, tened presente que, por regla general, los bebés duermen lo que necesitan: ¡la falta de sueño es en gran parte un problema de los padres, no del bebé!

DIEZ FORMAS DE... *dormir bien durante la noche*

1 Los bebés tienen que aprender a diferenciar el día de la noche. Si lo consideras necesario, intensifica para tu hijo la distinción entre ambos momentos de la jornada poniendo cortinas o colocando persianas y cerrándolas en las ventanas de la habitación.

2 Cuando tu bebé tenga seis semanas, puedes comenzar a establecer para él una hora regular de ir a la cama: por ejemplo, báñalo, ponle el pijama, dale el pecho, cuéntale una historia o cántale una nana y dale un beso de buenas noches. Es muy importante que mantengas la misma rutina cada noche.

3 Haz que los lugares donde tu bebé duerma estén ligeramente más frescos que las habitaciones en las que acostumbra estar durante el resto del tiempo: lo ideal es entre 18° C y 21° C.

4 Utiliza la aromaterapia para estimular el sueño de tu bebé. Los aceites esenciales que inducen el sueño son la manzanilla y la lavanda. Difunde 1 gota de manzanilla y 2 gotas de lavanda en la habitación del bebé (véase p. 90) o pon 1 gota de manzanilla y 1 de lavanda en una cucharilla de leche entera y añádelas al baño caliente (véase p. 92).

5 Ten un período en el que «bajes el ritmo» y evita sobreestimular a tu bebé por lo menos una hora antes de ir a dormir. Instala un reductor de luz en la habitación de tu bebé para que puedas bajar el nivel de la misma cuando sea necesario.

6 Los bebés se han acostumbrado a cierto nivel de ruido de fondo en el útero, y por ellos muchos duermen bien mientras la aspiradora o el lavaplatos están funcionando. Contempla la posibilidad de poner un CD de ruido blanco, de sonidos naturales o de música clásica de relajación para ayudar a tu bebé a conciliar un sueño reparador.

7 Hay que ocuparse de los bebés que se despierten durante la noche, pero intenta evitar que su sueño sea perturbado o interrumpido todavía más. Para ello, háblale en susurros, evita el contacto visual con él, mantén el nivel de la luz al mínimo para que veas lo que estás haciendo, cámbialo o dale el pecho tranquilamente, y luego ponlo otra vez a dormir.

8 Mientras el pequeño sigue durmiendo durante el día, presta atención a cualquier signo de tu bebé que signifique «estoy cansado» —como frotarse los ojos, tirarse de las orejas o cerrar de continuo los párpados— y ponlo a echar una siesta de inmediato. Si lo dejas durante demasiado tiempo, es posible que el bebé se canse demasiado y le resulte difícil dormir después.

9 Tan pronto como sea posible, expón por la mañana a tu bebé a la luz natural —preferentemente tomando el sol en el exterior o cerca de una ventana— y procura estar con él al aire libre durante al menos dos horas cada día.

10 El masaje regular mejora los patrones de sueño de los bebés y ayuda a que se duerman más rápidamente; pero recuerda que el masaje estimula el sistema nervioso, por lo que puede que tu bebé no se duerma inmediatamente después del mismo. Es la frecuencia del masaje, en vez del momento, lo que ayuda a dormir, así que da un masaje a tu bebé cuando esté totalmente despierto, no cuando esté cansado.

sano y tranquilo

Todos los bebés sucumbirán a varias enfermedades menores. La mayoría de ellas —como los resfriados, la tos y los catarros— son autorrestrictivas, y tu bebé simplemente necesitará de mucho amor y atención, además de, quizá, alguno de los suaves remedios sugeridos en este capítulo. Sin embargo, mantente siempre muy alerta para aquellos momentos en los que necesites acudir al médico. Si tienes alguna duda, pide ayuda.

la salud de tu bebé

Pocas cosas preocupan o alteran más a unos padres que la enfermedad de su bebé o niño. Es muy probable que tu primer pensamiento sea siempre: ¿Es grave? A menudo la respuesta es difícil de averiguar, en especial en el caso de los niños pequeños, que no pueden decirte cómo se sienten.

CUÁNDO ACUDIR AL MÉDICO

Los padres tienen que estar alerta con respecto a las enfermedades de sus hijitos, ya que los sistemas corporales de los bebés y los niños pequeños son todavía inmaduros y las complicaciones pueden llegar a ser más amenazantes de lo que serían en niños mayores o en adultos. Si la temperatura de un niño se eleva por encima de los 40°C, llama inmediatamente a un médico. Como regla general, busca atención urgente para cualquier enfermedad en la que tu bebé o tu hijo pequeño:

□ Esté decaído, aletargado y te cueste despertarlo.

□ Parezca tener un dolor intenso.

□ Tenga un llanto inusualmente estridente o extraño.

□ Tenga problemas a la hora de respirar.

□ Tenga fiebre alta.

□ Tenga convulsiones o espasmos.

□ No puedas darle el pecho correctamente durante más de un día.

□ Tenga vómitos o diarrea abundantes.

□ Muestre signos de deshidratación: ojos hundidos, desprendimiento de piel seca y las extremidades laxas.

□ Tenga un repentino o inexplicable empeoramiento de los síntomas.

□ Pierda peso.

□ Sangre por cualquier orificio.

Por último, el consejo más constructivo puede ser que sigas tu instinto. Si crees que a tu bebé le pasa algo, acude al médico de inmediato.

PREPÁRATE

Como habrá muchas cosas que inevitablemente te preocuparán, tiene sentido que tu pareja y tú estéis bien preparados para enfrentaros con una variedad de problemas de la salud.

Comienza por buscar un médico y otros profesionales de la salud en los que confíes. Invierte dinero en un buen libro de primeros auxilios y una buena guía médica, a ser posible una que cubra tanto la medicina convencional como las complementarias, si esto se ajusta a tu método preferido. Asegúrate de tener suministros y remedios para las dolencias más comunes, como los resfriados o las rozaduras causadas por el pañal.

AMOR Y SEGURIDAD

Los padres, frente a muchas de las dolencias menores que forman parte inevitable del crecimiento de su hijo, pueden, en realidad, proporcionar la mejor medicina que existe: amor, calor, seguridad y comida nutritiva. Es vital el contacto físico siempre que un niño se sienta enfermo o indispuesto. No olvides el poder terapéutico de un abrazo

forma parte del **reto** de la crianza proporcionar la

mezcla de ingredientes más eficaz para el desarrollo saludable

de un niño: **amor**, **calor** y **seguridad**

«Cuando Guy era un bebé, solía desesperarme de pura preocupación cada vez que tenía un resfriado o parecía un poco indispuesto. En el momento en que Angi nació, llegué a entender que las dolencias menores solo son una parte del crecimiento.»

CAMILLE, MADRE DE GUY, FREDDIE Y ANGIE

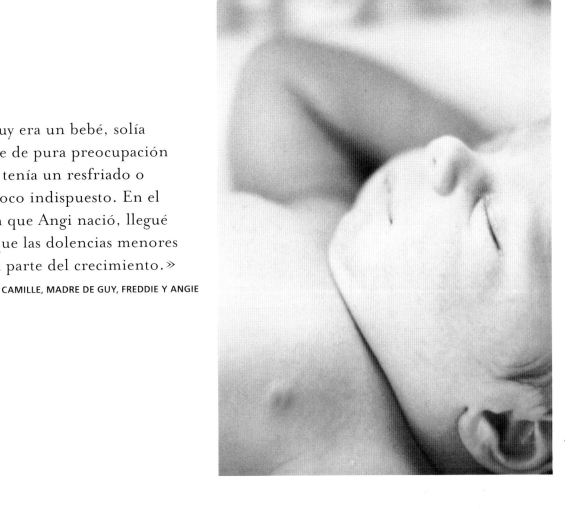

cariñoso y el hecho de que estos pueden ayudar, si no curar. Si estás dando el pecho, continúa haciéndolo: además de proporcionar alimento, protege contra infecciones y alergias, y reconforta a tu bebé al aportarle contacto físico y la confirmación de tu amor. Una vez que el bebé esté destetado, dale mucha cantidad de líquido y cualquier comida tranquilizadora y nutritiva que a tu bebé le guste.

TRATAMIENTOS CASEROS

Muchos de los remedios sugeridos en este libro pueden aplicarse a los bebés de manera segura. Al enfrentarse a traumas o enfermedades de poca duración, el remedio de rescate (véase p. 110) puede ayudar en casi todo. El masaje y la reflexología son, por lo general, tranquilizadores y hacen que un bebé malhumorado se sienta más relajado y seguro. Para los problemas a largo plazo, tal vez merezca la pena pedir a un osteópata craneal que examine al pequeño a fin de ver si hay algún efecto secundario debido a un nacimiento traumático y si puede hacerse algo para aliviarlo (véanse pp. 104-105). Tal

vez quieras considerar la posibilidad de consultar a un homeópata (véanse pp. 108-109).

Recuerda, sin embargo, que muchos síntomas tienen una finalidad. Algunos son una forma de comunicación: las rozaduras causadas por el pañal te dicen que la piel de tu bebé necesita más aire fresco; la diarrea puede que te esté sugiriendo que la madre que está dando el pecho debe evitar una comida en particular, y los problemas de sueño tal vez sean una insinuación de que tu bebé no está recibiendo la luz ni el aire fresco suficientes durante el día. A menudo, los síntomas representan el proceso de curación del propio cuerpo, que es más poderoso que cualquier medicina. Por ejemplo, puede que la fiebre sea la respuesta inteligente del cuerpo a bacterias o virus invasores, los cuales mueren a una temperatura elevada.

El cuerpo de tu bebé hará la mayor parte del trabajo a la hora de ponerse mejor. Los remedios suaves alternativos —junto al contacto amoroso y a una alimentación saludable— pueden ayudar a mantener o estimular estos poderes curativos naturales.

117

«Mathew parecía estar pasándolo realmente mal cuando comenzaron a salirle los dientes. Descubrí que si le daba un suave masaje en la mandíbula con las yemas de los dedos, se tranquilizaba.»

NATASHA, MADRE DE JOHN Y MATHEW

aliviar las dolencias menores

Te ofrecemos aquí algunas sugerencias para enfrentarte a las pequeñas dolencias más comunes, con las que muy probablemente se encontrará tu hijo durante los primeros años de vida. Para más información acerca de la osteopatía craneal, la reflexología, los remedios homeopáticos y los remedios de flores de Bach, véanse pp. 104-111.

CHICHONES Y MORATONES

Una vez que tu bebé empiece a gatear y, más tarde, a andar, los chichones y los moratones serán inevitables.

□ Sostén una bolsa de hielo envuelta en una toalla contra la piel amoratada durante diez minutos.

□ Prueba los remedios homeopáticos: crema de árnica o de caléndula.

□ Prueba el remedio de rescate en crema.

QUEMADURAS

La delicada piel del bebé se quema con relativa facilidad, e incluso las quemaduras del sol pueden llegar a tener serias consecuencias. Una causa común de las quemaduras en los bebés son las escaldaduras con líquidos calientes. Nunca sostengas en brazos a un bebé al mismo tiempo que una bebida caliente.

□ Primeros auxilios inmediatos: enjuaga con agua fría la zona quemada durante por lo menos diez minutos. Acude al médico para cualquier quemadura que no tenga buen aspecto, produzca ampollas o cubra un área mayor que la mano del bebé. Llama a una ambulancia para las quemaduras graves.

□ No apliques nunca nada grasiento ni aceitoso en una quemadura durante las primeras 48 horas; simplemente conservan el calor.

□ Los remedios calmantes incluyen baños de agua tibia (no fría) y gel de aloe vera, directamente del corte de una hoja o de un producto registrado.

□ Para una pequeña quemadura, aplica una gota de aceite esencial de lavanda puro en la zona afectada. (Normalmente, los aceites esenciales puros nunca tienen que utilizarse directamente sobre la piel de un bebé.)

□ Prueba los remedios homeopáticos: para los sustos, acónito; para estimular la curación; árnica; para las quemaduras de sol, belladona.

TOS Y RESFRIADOS

Un bebé sano tiene una media de seis resfriados antes de cumplir un año. Encontrarse con virus y bacterias nuevos desarrolla el sistema inmunitario, pero los resfriados pueden preceder a problemas más serios. Si los síntomas se agravan, si la temperatura corporal de tu bebé se eleva por encima de los 38 °C —la temperatura normal ronda los 37 °C— o si sientes preocupación, llama al médico.

□ Utiliza un vaporizador para humidificar el aire y que tu hijo eche la mucosidad.

□ Masajea la cabeza y la cara de tu bebé para despejar la nariz tapada y prevenir los resfriados (véanse pp. 40-41).

□ Masajea el pecho de tu bebé para mejorar la función de sus pulmones (véanse pp. 36-37).

□ Prueba la aromaterapia: difunde aceites esenciales de lavanda y mirto en la habitación de tu bebé (véase p. 90).

□ Prueba los remedios homeopáticos: para tratar una nariz congestionada, allium cepa o belladona; para mocos espesos, pulsatila; para las congestiones que dificulten la lactancia, nux vómica; para la «tos de pecho» con mocos, hepar sulphur.

□ Prueba la reflexología: masajea a tu bebé justo por debajo de las partes carnosas de los dedos de los pies (la zona refleja para la sinusitis), los bordes interiores del medio de los dedos gordos del pie (la nariz) y en la eminencia metartasiana o bola del pie (los pulmones).

□ Para el tratamiento de catarros persistentes en un bebé, evita la leche de vaca y los productos derivados de la misma.

CÓLICOS

Los cólicos —que comportan llanto inconsolable durante horas, generalmente por las noches— hacen sufrir a los bebés y también a los padres. Consulta a tu médico para asegurarte de que tu pequeño no tiene problemas subyacentes.

□ Si estás dando el pecho, evita los productos lácteos y con especias, y bebe infusiones de manzanilla.

□ Envuelve a tu bebé en una sábana o similar (véase p. 13).

□ Da un baño caliente a tu bebé o ponle una bolsa de agua caliente bien envuelta junto a la zona abdominal.

□ Coge a tu bebé en posición «cuidado canguro» (véase p. 17) en un ambiente tranquilo débilmente iluminado; puede que el cólico esté relacionado con dificultades a la hora de realizar la transición entre la vigilia y el sueño.

□ Balancea a tu bebé en la posición «Tigre en un árbol» para ayudarlo a expulsar los gases, si los tiene (véanse pp. 60-61).

□ Da un masaje a tu bebé en la zona abdominal (véanse pp. 36-37) con una mezcla de aceites esenciales de eneldo y mandarina diluidos en aceite de almendra o de semillas de uva (véase p. 95).

□ Prueba la reflexología: masajea los bordes exteriores de las plantas de los pies entre los talones y el centro del pie (la zona refleja del colon o el intestino grueso).

□ Ten en consideración la osteopatía craneal; consulta a un profesional.

□ Prueba los remedios homeopáticos: para un llanto irritable, la manzanilla; para los cólicos que empeoran después de comer, nux vómica; para heces verdosas y problemas para dormir asociados a los cólicos, fosfato de sodio.

□ Prueba los remedios de flores de Bach: crema de heliantemo o de remedio de rescate aplicada en el abdomen.

□ Dale pequeñas dosis de agua con azúcar. Disuelve una cucharadita de azúcar en unos 100 ml de agua hervida ya fría. Déjala caer en la boca de tu bebé con un cuentagotas o con una cucharilla. A algunos bebés les alivia el cólico y no puede dañar a los dientes antes de que salgan.

ESTREÑIMIENTO

El estreñimiento es poco común en los bebés, en particular en los bebés que toman el pecho, aunque puede que afecte a aquellos pequeños que tomen leche embotellada o comida sólida por primera vez.

Consulta a tu médico si tu bebé no excreta durante cuatro días, o de inmediato si le duele.

□ Aumenta la toma de líquidos de un bebé destetado.

□ Si tu bebé ya está destetado, puedes darle peras frescas o zumo de ciruelas. Si aún le estás dando el pecho, tómalos tú.

□ Masajea la zona abdominal de tu bebé (véanse pp. 36-37) con una mezcla de aceites esenciales de eneldo y mandarina diluida en aceite de almendras o de semillas de uva (véase p. 95).

□ Prueba la reflexología: masajea los bordes exteriores de las plantas de los pies, entre los talones y la parte central del pie (la zona refleja del colon o intestino grueso).

«Sé que algunas personas son escépticas acerca de la eficacia de los remedios homeopáticos, pero descubrí que era lo único que funcionaba con los eccemas de mis hijos.»

NAOMI, MADRE DE JULIAN Y CHRISTOPHER

□ Acuna suavemente a tu bebé en la posición «Tigre en un árbol» (véanse pp. 60-61).

□ Prueba los remedios homeopáticos: para aliviar la irritación, nux vómica; después de la fiebre, brionia o azufre.

□ Prueba los remedios de flores de Bach: nogal o acebo.

COSTRA LÁCTEA

Si tu bebé presenta una costra de piel amarillenta, cérea y escamosa por encima del cuero cabelludo, ello es debido a un exceso de producción de sebo. Por regla general, desaparece sin ningún tratamiento. Si te preocupa:

□ Evita los productos de baño para bebés (véase p. 21).

□ Unta la costra con un poco de aceite de oliva y déjalo durante diez minutos; luego retira la costra suavemente con un cepillo de bebé o con una manopla. Si se trata de un caso grave, deja el aceite durante toda la noche.

□ Prueba la aromaterapia: aplica aceites esenciales de benjuí y lavanda, diluidos en aceite de jojoba, en el cuero cabelludo de tu bebé (véase p. 95).

□ Pruebas los remedios homeopáticos: azufre o rhus toxicodendron.

DIARREA

La diarrea es común en los bebés. Si es prolongada, y en especial si va acompañada de fiebre por encima de los 38 °C, tu bebé corre el peligro de deshidratarse. Llama al médico si la diarrea de tu hijo dura más de dos días.

□ Si estás dando el pecho, evita beber zumos de fruta.

□ Prueba la reflexología: masajea los bordes exteriores de las plantas de los pies entre los talones y la parte central del pie (la zona refleja del colon o intestino grueso).

□ Prueba los remedios homeopáticos: para las reacciones adversas a la comida, arsenicum album; si la diarrea viene acompañada de fiebre, belladona; si el bebé tiene buen apetito a pesar de tener una diarrea persistente, azufre; si la diarrea coincide con la dentición, manzanilla.

□ Prueba un remedio de flores de Bach: nogal.

DOLOR DE OÍDOS

Puede que a un resfriado le siga un dolor de oídos. En tales ocasiones, tu bebé parecerá estar de mal humor y distraído; a menudo, se estirará de una oreja.

Si tienes la impresión de que a tu pequeño le duele mucho o le pones el termómetro y constatas que tiene fiebre por encima de los 38 °C, acude al médico.

□ Prueba la reflexología con tu pequeño: masajea la parte inferior de los dedos del medio del pie donde estos se unen a la almohadilla del pie (la zona refleja para los oídos).

□ Para combatir una infección crónica (conocida como «otitis media adhesiva»), ten en consideración la osteopatía craneal, además de la homeopatía; para cada terapia, consulta a un profesional.

□ A veces los bebés se meten cosas, como pasas de Corinto, en los oídos. No intentes sacárselas; en lugar de eso, acude al médico.

120

ECCEMA Y PIEL SECA

Las reacciones alérgicas en la piel son comunes en los bebés debido a lo delicada que la tienen. Si una reacción persiste, se producen ampollas o se infecta, consulta al médico.

☐ Evita los productos para el baño perfumados o boratados.

☐ Utiliza un emoliente simple, como una crema acuosa para el baño y para hidratar la piel.

☐ Coloca a tu bebé unas manoplas de algodón natural para evitar que se rasque.

☐ Prueba los remedios homeopáticos: para una piel seca, escamosa y que pique, arsenicum album; para una piel agrietada y que supure, grafito.

☐ Prueba remedios de flores de Bach: para la irritabilidad y los picores, impaciencia o heliantema.

Si existe una historia familiar de eccema:

☐ Evita dar a tu bebé leche de vaca, huevos, productos que incluyan trigo o frutos secos hasta que tenga por lo menos un año.

☐ Es preferible que no coloques alfombras ni cortinas en la habitación de tu bebé.

☐ Lava regularmente la ropa de cama de tu pequeño con agua caliente y coloca los juguetes blandos en el congelador durante la noche para matar los ácaros del polvo.

☐ No tengas animales de compañía en casa.

PROBLEMAS DE LACTANCIA Y DIGESTIVOS

Cualquier enfermedad puede hacer que tu bebé deje de mamar. Acude al médico si tu hijo no se alimenta correctamente durante más de un día.

☐ Para los problemas de lactancia, acude a la Liga de la Leche.

☐ Ten en consideración la osteopatía craneal; consulta a un especialista.

☐ Prueba la reflexología: masajea la zona cóncava del centro de la planta del pie; en especial los bordes interiores (las zonas reflejas para el hígado, el estómago y la zona intestinal).

☐ Prueba un remedio homeopático: si los problemas de alimentación se deben a un afta, bórax (para los dos).

FIEBRE

Acude al médico siempre que tu bebé tenga más de 38 °C de temperatura, el síntoma más evidente de que tu hijo tiene fiebre.

☐ Para una fiebre alta, pasa una esponja por el cuerpo de tu bebé con agua tibia hasta que llegue el médico.

☐ Prueba los remedios homeopáticos: para una fiebre acompañada de nerviosismo, acónito; Para una fiebre acompañada de llanto, pulsatila; para la fiebre debida a la reacción a una vacuna, sílica; para una fiebre persistente, fosfato de potasio.

☐ Prueba los remedios de flores de Bach: impaciencia o heliantemo.

ROZADURAS OCASIONADAS POR EL PAÑAL

La cura más eficaz para este tipo de rozaduras es quitar el pañal a tu bebé. Siempre que sea posible, déjale que juegue desnudo: en el jardín en verano, o en el suelo o en una colchoneta en invierno.

☐ Prueba la aromaterapia: aplica una gota de aceite esencial de manzanilla o de lavanda diluida en una cucharilla de aceite de jojoba en la zona afectada (véase p. 95).

☐ Prueba un remedio homeopático: crema de caléndula.

☐ Prueba los remedios de flores de Bach: crema de azufre o el remedio de rescate.

PROBLEMAS DE SUEÑO

Algunos bebés tienden a dormir de forma natural más profundamente y durante más tiempo que otros, y todos los bebés tienen muchas probabilidades de dormir mal en ciertos momentos de su vida: por ejemplo, cuando les están saliendo los dientes o tienen alguna enfermedad,

puede que un **cólico** esté relacionado con la dificultad en

hacer la transición entre la vigilia y el **sueño**

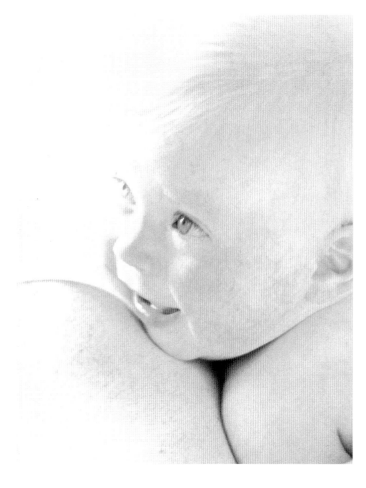

irritabilidad, heliantemo o impaciencia; para los bebés que no duermen mucho, castaño de Indias o remedio de rescate; para el miedo a la oscuridad, álamo temblón.

OJOS PEGAJOSOS

Las infecciones oculares menores, causadas por conductos lacrimales diminutos e inmaduros, son normales en los bebés.

☐ Lávale los ojos con regularidad con agua tibia; ayudará a evitar infecciones.

☐ La leche de la madre es uno de los mejores remedios. Contiene lisosomas, las sustancias contenidas en las lágrimas encargadas de luchar contra las infecciones, y es segura si se utiliza como solución ocular.

☐ Prueba la reflexología: masajea la parte inferior del segundo dedo del pie de tu bebé (la zona refleja para el ojo).

☐ Prueba un remedio homeopático: en especial para los bebés irritables propensos a resfriarse, sílice.

PROBLEMAS DE DENTICIÓN

A menudo puede averiguarse cuándo un diente está a punto de salir si el niño se muestra irritable, babea y tiene la cara roja.

☐ Masajea la cara de tu bebé (véanse pp. 40-41).

☐ Masajea las encías de tu bebé con tu dedo después de haberlo metido en zumo de limón (véase p. 51).

☐ Prueba la reflexología: masajea los bordes interiores de la base de los dedos gordos del pie de tu bebé (la zona refleja para la boca).

☐ Prueba los remedios de flores de Bach: nogal o castaño rojo.

☐ Prueba los gránulos de manzanilla o geles sin receta médica.

☐ Prueba los anillos fríos para la dentición, o las comidas y bebidas frías.

☐ Aplica una crema barrera en la barbilla para prevenir la irritación causada por las babas.

GASES

Los gases pueden ser muy incómodos, pero es posible aliviarlos de forma eficaz mediante un suave movimiento.

☐ Masajea el abdomen de tu bebé (véanse pp. 36-37).

☐ Prueba a acunar a tu pequeño en la posición «Tigre en un árbol» (véanse pp. 60-61).

o después de las vacunas (véanse pp. 112-113 para las sugerencias acerca de cómo estimular un sueño profundo).

☐ Si estás dando el pecho, evita la cafeína y otros estimulantes.

☐ Da a tu bebé un masaje en la cara (véanse pp. 40-41).

☐ Prueba la aromaterapia: difunde aceites esenciales de manzanilla y lavanda en la habitación de tu bebé (véase p. 90) o añádelas a su baño de antes de ir a dormir (véase p. 92).

☐ Ten en consideración la osteopatía craneal si tu hijo presenta problemas de sueño prolongado; consulta a un especialista.

☐ Prueba los remedios homeopáticos: si tu bebé se despierta con síntomas parecidos a los del cólico, carbón vegetal aficinal; si observas en tu pequeño dificultades para quedarse dormido seguido a un estado de alerta despierto, manzanilla; si tu bebé se despierta brevemente durante la noche después de un susto o de un trauma, árnica.

☐ Prueba los remedios de flores de Bach: para la

direcciones de interés

Instituciones, fundaciones y asociaciones

Seguridad Social
www.seg-social.es
Para consulta sobre las prestaciones de maternidad y paternidad o familiares. En su web se pueden encontrar los modelos de formularios para imprimir o rellenar en línea.

Ministerio de Trabajo y Asuntos Sociales
www.mtas.es
La web del Ministerio de Trabajo y Asuntos Sociales ofrece datos estadísticos e información acerca de las ayudas sociales a la familia y programas en funcionamiento. Apartado con enlaces a asociaciones, ONG y fundaciones.

Federación Española de Familias Numerosas (FEFN)
www.familiasnumerosas.org
Tiene 40 asociaciones por toda España con el fin de conseguir un mayor reconocimiento social y protección para estas familias.

Federación de Asociaciones de Mujeres separadas y divorciadas
www.separadasydivorciadas.org
Ofrece asesoramiento jurídico y atención psicológica durante el proceso de separación y divorcio.

Fundación +familia
www.masfamilia.org
Es una organización privada, independiente y sin ánimo de lucro, aporta soluciones para la protección y apoyo de la familia, y especialmente aquellas con dependencias (menores, mayores, personas con discapacidad, etc.).

UNICEF
www.unicef.es
Para conocer a fondo el trabajo de UNICEF en España y en el mundo, y el modo de colaborar con esta organización.

Salud

Instituto de la Mujer
www.migualdad.es/mujer
Información y asesoramiento sobre los derechos de las mujeres en distintos ámbitos.
Génova, 11, 1º dcha.
28004 Madrid
Tel.: 91 700 19 19
Teléfono de información gratuito 24 h: 900 191 010

Ministerio de Sanidad y Consumo
www.msc.es
Servicio de Información Telefónica para la Embarazada (SITE) 91 394 15 89
www.msc.es/ciudadanos/proteccionSalud/mujeres/embarazo/home.htm
Información y recomendaciones para mujeres embarazadas.

En la página web del Ministerio, en la entrada **http://www.msc.es/organizacion/sns/planCalidadSNS/pdf/excelencia/atencionParto/estrategiaPartoEnero2008.pdf,** se encuentra el documento de *Estrategia de atención al parto normal* de noviembre de 2007.

Observatorio de Salud y Mujer
www.obsym.org
Ofrecer información de calidad especializada en temas de salud para las mujeres. Mediante su página web facilita la consulta de más 2.000 documentos y recursos web, relacionados con la salud de la mujer e información adicional.

Federación de Asociaciones de Matronas de España
www.federacion-matronas.org
Promueve la salud integral de la mujer, en especial en los aspectos de salud sexual y reproductiva, y la salud del recién nacido.

Asociación Española de Pediatría
www.aeped.es
Guía con recomendaciones sobre la lactancia materna, información sobre nutrición, vacunas y la muerte súbita del lactante.

Liga de la Leche
www.laligadelaleche.es
Organización internacional no gubernamental sin ánimo de lucro. Informa y apoya a las madres que desean amamantar a sus hijos.

Asociación Nacional de Educación Prenatal
www.anep.org.es
ANEP Difunde información de la vida prenatal.

Asociación Española de Partos Múltiples
www.partosmultiples.net
Centro Cívico Anabel Segura
Avda. Bruselas, 19
28108 Alcobendas (Madrid)
Tel. 686 32 34 10
informacion@amapamu.org

APREM
Asociación de Padres de Niños Prematuros
www.aprem.org
Caramuel, 64 – 1
28011 Madrid
Tel. 600 25 88 77

PREMATURA
Asociación catalana de padres de niños prematuros
www.prematura.info
Pl. Sagrada Familia, 5, 2 A
08013 Barcelona
Tel. 676 123 248
prematura@prematura.info

El Parto es Nuestro
www.elpartoesnuestro.es
Asociación sin ánimo de lucro que pretende mejorar la atención a madres e hijos durante el embarazo, parto y posparto.

Asociación Española de Masaje Infantil (AEMI)
www.masajeinfantilaemi.org
Organización sin ánimo de lucro que promueve los beneficios del masaje infantil.

Más páginas web
www.pangea.org/pdn/plataforma.html (plataforma pro derechos del nacimiento)
www.nacerencasa.org (asociación a favor del nacimiento domiciliario)
www.crianzanatural.com (información sobre embarazo, parto y crianza)
www.fedalma.org (Federación Española de Asociaciones pro Lactancia Materna)
www.aeped.es/lactanciamaterna (Comité de lactancia materna de la Asociación Española de Pediatría)
www.albalactanciamaterna.info (información y apoyo para la lactancia materna)
www.doulas.es (listado de doulas de toda España)
www.federacion-matronas.org (Federación de Asociaciones de Matronas de España)
www.groupbstrepinternational.org/espanol/index_e.html (página en español sobre la prevención de infecciones por estreptococo del grupo B)

índice

agradecimientos de las autoras

SHEENA MEREDITH Me gustaría mandar un abrazo y dar las gracias a mi preciosa hija, Bryony, por permitirme compartir con ella su feliz primera infancia, y por tantos momentos alegres desde entonces.
TINA LAMB Me gustaría dar las gracias a mi profesor Peter Walker, precursor en el masaje, el yoga y la gimnasia para bebés en Londres.
CLARE MUNDY Estoy profundamente agradecida a Carol Hatton y Trudy Kerr y sus bebés modélicos, Evie y Louis, y a la hija de Trudy, Ruby. Muchas gracias a todos mis estudiantes, en especial a Cynthia, Marie, Ana y Tracey, y sus bebés, Benjamin, Erin, Paolo y los gemelos Hope y Miles; a Kim Robson, diseñador de mi página web, a Chris Mollet de www.silenciomusic.co.uk, y a Trudy Kerr de www.trudykerr.com, por proporcionarme sonidos. Y, por último, gracias a Henrietta, Sonya, Dan y Paul por hacer que mi participación en este libro fuese tan agradable.
GLENDA TAYLOR Gracias a Ryland Peters & Small por volver a darme la oportunidad de «correr la voz» acerca de la aromaterapia. Gracias también a mis hijos por ser ejemplos tan brillantes de cómo esta puede utilizarse naturalmente y de forma instintiva a lo largo de la vida.

agradecimientos de los editores

A los editores nos gustaría dar las gracias a todos nuestros adorables modelos, en especial a Nasima y Kamran; Kiri, Cleo y Mazi; Rebecca y Ruben; Anna y Loxie; Charlie, Alex y Lula; Vicki y Kiki; Jenn y Leo; Sara, Alfie y Florence; y Joshua. Igualmente muchas gracias a Cárol y Evie, y a Trudy, Louis y Ruby.

créditos fotográficos

Fotografías de Dan Duchars a menos que se indique de otra manera.
a= arriba, d= debajo, der= derecha, izq= izquierda, f= fotógrafo

CONTRAPORTADA Debi Treolar; p. 1 © Stockbyte; 2-4 f Debi Treloar; 5 fondo y encarte d f Debi Treolar; 13 f Debi Treloar; casa de victoria Andreae en Londres; 15 f Debi Treloar; 19 C Stockbyte; 20 f Debi Treloar; 21a f Carolina Arber/Emma Bowman Diseño Interior; 21d f Polly Wreford; 44d © Stockbyte; 45 fondo y 84 f David Montgomery; 87 f Daniel Farmer; 88-89 f David Montgomery; 92-93 f Debi Treloar; 94-97 f David Montgomery; 103 f Debi Treloar; 104 © Stockbyte; 106 fondo f David Montgomety; 106 encarte f Debi Treloar; 108 © Stockbyte; 111 fondo f Christopher Drake; 111 encarte f David Montgomery; 112 encarte © Stockbyte; 112 fondo f David Montgomery; 113 a y d f Debi Treloar/casa de Vincent y Frieda Plasschaert en Brujas, Bélgica; 116 f David Montgomery; 117-28 f Debi Treloar.